NIDDAER GESCHICHTSBLÄTTER

Heft 3

1995

Herausgeber:
NIDDAER HEIMATMUSEUM e.V.

Die Drucklegung dieser NIDDAER GESCHICHTSBLÄTTER wurde durch eine Spende der *Evangelischen Landeskirche Hessen und Nassau* in Darmstadt und die *Stadt Nidda* unterstützt.

Ein weiterer Beitrag zur heimischen Reformationsgeschichte:

ERASMUS ALBERUS

- Ein treuer Weggefährte Martin Luthers -

**Biographie des Wetterauer Reformators
Erasmus Alberus (um 1500 - 1553)**

Burkhard Steinhauer

Inhalt

Inhaltsverzeichnis	S. 5
Editorial und Vorstellung des Autors	S. 7
Erasmus Alberus, ein treuer Weggefährte Martin Luthers	S. 8
Eine Kämpfernatur nach Luthers Vorbild	S. 8
Herkunft und Schuljahre als "Pfaffenkind" - Kindheit in Staden, Schulzeit in Nidda und Weilburg -	S. 13
Studienzeit in Mainz unter Albrecht von Brandenburg - Zuflucht bei Luther in Wittenberg -	S. 23
Lehrtätigkeit in Oberursel - erste schriftstellerische Versuche -	S. 25
Aufenthalt bei Ritter Conrad von Hattstein in Usingen	S. 28
In Sprendlingen führt er Luthers Katechismus ein - Reiseprediger in der Markgrafschaft Küstrin -	S. 29
Ruheloses Wanderleben wider Willen	S. 30
Eine glückliche Zeit in Staden - Angenehme Kindheitserinnerungen werden wach -	S. 31
Schmerzliche Erfahrungen in Babenhausen	S. 34
Wieder in Wittenberg - Ein Publizist mit spitzer Feder -	S. 35
Ein unbeirrbarer Streiter für den Fortbestand des Protestantismus	S. 37

Späte Anerkennung und leidvolle Monate in Neubrandenburg
- Erasmus Albers Abschied von dieser Welt - S. 38

Erasmus Alberus wurde von Lucas Cranach d.J. porträtiert S. 40
- Persönliche Briefwechsel und eine Fahrt in die DDR - S. 42

Anhang
- ausgewählte Beispiele von Alberus-Schriften - S. 46

Anmerkungen S. 60

Versuch einer Bibliographie S. 72

Benutzte Archive und Bibliotheken S. 78

Literaturverzeichnis S. 79

Zeittafel S. 82

Stammbaum der Familie Al(e)ber von Reif(f)enberg S. 84

Register S. 85

Gewidmet ist meine Arbeit

Fritz Freiherr von Leonhardi (1905-1979) **Oberburg, Nidderau-Heldenbergen,** der meine Forschungen von Anfang an unterstützt hat, meinem Freund *Horst Schüßler (1927-1993),* Journalist und Fotograf der Frankfurter Rundschau, der sehr engagiert meine Forschungsergebnisse publiziert hat und meinem väterlichen Freund *Wilhelm Baumann*, Lehrer, Volkskundler und Museumsleiter a.D. in **Nidderau-Erbstadt**, nunmehr in **Niefern-Öschelbronn**

Editorial und Vorstellung des Autors

Auch in der dritten Ausgabe der NIDDAER GESCHICHTSBLÄTTER fahren wir fort mit der Aufarbeitung reformationsgeschichtlicher Themen, die wir in Heft 2 mit der Doppelbiographie Vater und Sohn JOHANNES PISTORIUS NIDDANUS begonnen haben. Anstoß gab eine Vortragsveranstaltung im November 1994 in unserem Heimatmuseum mit dem Verfasser der vorliegenden Ausgabe über den bedeutenden Theologen und Dichter aus der Wetterau: Erasmus Alberus (um 1500-1553). Beeindruckt von dem Lebensweg dieses aufrechten Mannes, der als Schüler und Weggefährte Martin Luthers sich zeitlebens eingemischt hat in die Auseinandersetzungen um den neuen Glauben zwischen Rom und Wittenberg, traten wir an den heutigen Autor dieser Biographie mit der Bitte heran, den Vortrag für unsere NIDDAER GESCHICHTSBLÄTTER genauer auszuarbeiten.

Alberus steht als geistlicher Liederdichter neben Luther und dem hundert Jahre jüngeren Paul Gerhardt und hat sich insbesondere als Fabeldichter einen Namen gemacht. Wegen seiner Streitlust und der manchmal sehr groben Art, seine Dispute zu führen, gehört er sicher zu den urwüchsigsten Gestalten der Reformationszeit innerhalb des protestantischen Lagers.

Herrn **Burkhard Steinhauer** gebührt das Verdienst einer umfassenden Aufarbeitung der Vita dieses Mannes, die er durch eigene, teilweise herausragende Forschungsergebnisse ergänzen konnte. Steinhauer ist Jahrgang 1949 und hat sich als Sammler und Publizist einen Namen gemacht, von Beruf ist er aber selbständiger Kaufmann. Seine Veröffentlichungen zur Kultur-, Wirtschafts- und Sozialgeschichte der Wetterau bei der damaligen Kreissparkasse in Friedberg, im Friedberger Geschichtsverein sowie seine Mitarbeit bei der Wetterauer Zeitung, der Frankfurter Rundschau und beim Hessischen Rundfunk begründen seinen Ruf, den er sich auch bei zahlreichen Vortragsveranstaltungen zu unterschiedlichen Themen erworben hat. Bei seiner Alberus-Forschung ist Steinhauer zunächst zu den Originalausgaben des bedeutenden Schriftstellers des 16. Jahrhunderts zurückgekehrt und räumt mit vielen Falschangaben auf, die sich in der Vergangenheit durch mangelhafte Überprüfung oder einfaches Abschreiben ergeben haben. Vor allem die vorliegende Bibliographie des Erasmus Alberus ist völlig neu und stellt eine fundierte Ausgangsbasis für weiterreichende Forschungen dar.

Burkhard Steinhauer weist Alberus die Stellung zu, die ihm nach Lage des umfangreichen Quellenmaterials zusteht.

Nidda, im August 1995   Für den Vorstand NIDDAER HEIMATMUSEUM e.V.
                                            Reinhard Pfnorr, 1.Vors.

Erasmus Alberus
- Ein treuer Weggefährte Martin Luthers -

von Burkhard Steinhauer

Eine Kämpfernatur nach Luthers Vorbild

Siehe nicht auf den Fürsten, sondern auf die einfältigen, albern, groben und ungelernten Leute, welchs Tucks (Tücke) auch der Fürst sein wird.

Luther Zitat

Wer war Erasmus Alberus[1]? Erste Hinweise sind im geschichtlich geordneten Verzeichnis des Gesangbuches für die evangelische Kirche in Hessen und Nassau zu finden[2]. Dort heißt es: Erasmus Alberus, geb. um 1500 in Bruchenbrücken (bei Friedberg) Schüler und Freund **Martin Luthers** Schriftsteller, Reformator in Hessen und Brandenburg - Superintendent in Neubrandenburg (Mecklenburg) - dort gestorben 1553.

Dies ist natürlich keine Biographie, die der tatsächlichen Bedeutung dieses Mannes gerecht wird. Sie kann es auch an dieser Stelle nicht sein. Ein Kirchengesangbuch ist nicht der Platz für langatmige Lebensbeschreibungen über die Verfasser. Aber in den Liedern kommen nicht selten die Not und die unglückseligen Zeitumstände zum Ausdruck, in denen die Verfasser von Kirchenliedern gelebt haben. Dies bedeutet natürlich nicht, daß die Verfasser, die der Reformationszeit zuzuordnen sind, ihre Verzweiflung und ihr Schicksal einfach in Gottes Hände gelegt hätten. Ganz im Gegenteil, ihrem Naturell entsprechend haben sie für Ihre Überzeugung gekämpft. Martin Luther war ihr Vorbild. Je größer die Not und die Verzweiflung war, je treffender und aufbauender waren ihre Formulierungen für die Sache der Reformation, die es zu verwirklichen galt.

Erinnert werden muß an dieser Stelle an das Lied 362 von Martin Luther, angelehnt an den Psalm 46, wo es heißt:

"Eine feste Burg ist unser Gott, ein gute Wehr und Waffen. Er hilft uns frei aus aller Not, die uns jetzt hat getroffen".

Erasmus Alberus, der von sich selbst einmal sagte: "Ich bin ein grober Wetterauer, dem die Zung "nit" wohl geschliffen ist[3], beweist im Lied 469 sein dichterisches Talent, ja er bewies, daß er sehr wohl in größter Not die Kraft aufbrachte, Formulierungen zu finden, die ihn als gottesfürchtigen und humanistisch gebildeten Menschen auszeichneten. Alberus war ein Mensch, der in seinem Jahrhundert an der richtigen Stelle seiner Überzeugung entsprechend sein Bestes gegeben hat und dies nicht nur als Verfasser von Kirchenliedern. Die Ansicht, daß Alberus nur der Reformator weiter Teile Hessens und Brandenburgs war, ist zu wenig. An dieser Stelle ist es aber wichtig, auf die erste Strophe des Liedes 469 aus dem ev. Gesangbuch hinzuweisen, die da lautet:

"Christe, du bist der helle Tag, vor dir die Nacht nicht bleiben mag. Du leuchtest uns vom Vater her und bist des Lichtes Prediger. Ach lieber Herr, behüt uns heint in dieser Nacht vorm bösen Feind und laß uns in dir ruhen fein und vor dem Satan sicher sein".

Hier erkennt man spätestens, wie warmherzig und gefühlvoll unser Erasmus Alberus sein konnte. Unser Erasmus Alberus aus dem folgenden Grunde: Er hat uns allen die erste Beschreibung der Wetterau geschenkt (vgl. im Anhang), egal welcher Konfession wir angehören.[4] Er war eben doch nicht der grobe Wetterauer, wie er selbst von sich sagte. Und eine wohlgeschliffene Zunge hatte er auch, nur nicht für seine Widersacher. Für sie empfand er nur Spott, Verunglimpfung und Verwünschung[5]. Wenn ein solches Verhältnis zum Feind in dieser Zeit die Regel war, so ist das angedeutete zu den Freunden wohl einzigartig in der Literatur des 16.Jahrhunderts[6]. Erasmus Alberus konnte nur mit revolutionierendem Gedankengut ausgestattet sein, als er Wittenberg verließ. Alberus, bereits mit 22 Jahren ev. Theologe, verfaßte in seinen 30 Amtsjahren mehrere Streitschriften, die gewaltig die theologische Diskussion anheizten. Einige Titel lauten:

Das meisterliche Gedinge des Abts von Chemnitz[7], Gesprächsbüchlein von einem Bauern, Iudicium Erasmi Alberi de Spongia Erasmi Roterodami, Absage- oder Fehdeschrift Luzifers an Martin Luther.

An dieser Stelle ist spätestens zu fragen: Wieso ist Erasmus Alberus zu einem so streitlustigen und begeisterten Kämpfer für die Sache der Reformation geworden? Die ihm fehlende Nestwärme als "Pfaffenkind", sein in der Folgezeit meist betrübter Lebensweg, seine überdurchschnittliche Intelligenz ließen in ihm schon früh Fragen und Antworten zu Systemveränderungen erwachsen, die er später mutig publizierte und auch predigte. Immer getreu nach Luthers Sinn: "Wisse, daß Gott dienen nichts anderes ist, denn deinem Nächsten dienen und mit Liebe wohltun, es sei Kind, Weib, Knecht, Feind, Freund, ohn Unterschied, wer dein bedarf an Leib und Seel, und wo du helfen kannst, leiblich und geistlich, das ist Gottesdienst und gute Werke". Den Territorialfürsten gegenüber verhielt er sich loyal, wenn diese Luthers Auffassung teilten, daß die Kirche nicht Verwalterin und Mittlerin des Heils sei sondern als Gemeinschaft aller Gläubigen zu sehen sei. Albers Rechtsauffassung ging mit Luthers Vorstellung eines Staatsgebildes konform, nämlich daß der Gehorsam gegenüber der von Gott gesetzten Obrigkeit weiterhin gewahrt bleibt. Damit war allerdings auch der Weg beschritten, der zur tragischen - Jahrhunderte währenden - Zersplitterung Deutschlands führte. Luthers Bewegung, die nicht von allen Landesfürsten getragen wurde, wäre ohne die Autoritätszusage sowieso zum Scheitern verurteilt gewesen. "So gebet dem Kaiser, was des Kaisers ist, und Gott, was Gottes ist (Matth. 22, 21)". Zweitens ist zu fragen: Wieso hat Alberus immer noch nicht den Platz in der Geschichte und Literatur des 16. Jahrhunderts gefunden, der ihm eigentlich gebührt? Er müßte jedem bekannt sein, der nur einigermaßen epochale Kenntnisse besitzt. Erasmus Alberus war historisch gesehen mindestens gleichbedeutend neben Caspar Cruziger, Justus Jonas, Johannes Bugenhagen, Johann Forster und Georg Spalatin. Man darf bezweifeln, ob die Reformation ohne Erasmus Alberus gelungen wäre. Es gilt als bewiesen, daß nach Luthers Tod 1546 Erasmus Alberus die Lehre Luthers am würdigsten vertreten hat[8]. Trotz schwieriger Lebensumstände verfaßte er nachweislich 55 Schriften[9], die fast alle der Verbreitung des protestantischen Gedankengutes dienen sollten.

Hervorragend ist sein Novum Dictionarii genus, ein dickleibiges Lexikon, das 1540 bei Chr. Egen(olph) in Frankfurt[10] erschienen ist. Er schrieb darin über die Hessen:

"Die Hessen seind freudig und unverzagt und überaus vernünftig und eines trefflichen hohen Verstandes. Also schreibt Cornelius Tacitus von ihnen, und ist wahr, daß auch zu der Zeit, da die Poeten seltsam waren, da gab das Hessenland zwei trefflicher Poeten, Helium Eobanum Hessum, und Euritium Cordu, ich geschweig an der gelehrt Männer, die noch heutig Tags leben[11]."

Von den Tauben vnd dem Habich.

Die wedderawer wissens wol/
des halben niemand zweifeln soll/
Es ist geschehen vor langer zeit/
da hatt der Weyh eyn grossen neydt/
Eyn grossen zoin auff alle tauben/
vnd für im land vmbher zuklauben.
Es kund keyn sicher für yhm sein/
zuletzt die Tauben sahen drein.
Bestimpten yhn eyn eygen tag/
eyn eygen platz wie ich euch sag.
Der ligt nicht ferne von Burchenbrucken/
daß sie versehen alle lucken.
Daß sie nicht müsten ymmerdar/
Fürm Weihen steen in angst vnd fahr
Eyn schirmherrn wolten sie erwelen.
der solt dem Weih wol anderst strelen.
Da werden sie mit eyn zuradt/
vnd folgten baldt auch mit der that.
Der Habich der solt yhr schirmherr sein/
sie hattens warlich troffen fein.
Sie wolten bessern yhre sach/
vnd vberkommen gut gemach.
Vnd habens doch verderbet gar
vnd müssen stehen in grosser fahr.
Der Habich nam bald die herrschafft an/
fürwar er war eyn gschwinder man.
Er trieb mit yhr groß vbermüt/
gleich wie der Storck den Fröschen thüt.
Also sicht er die Tauben an/
Nun haben siß yhn selbst gethan.

Morale.

Es will sich mancher wol versehen/
wie hie den Tauben ist geschehen.
Vnd fürt sich selbs in grosse fahr/
dann wirt er aller erst gewar.
Wie er so seer genarret hott/
vnd sich gesteckt in grosse not.
So wirt als dann das sprichwort war/
vnd seine torheyt offenbar.
Welcher dem regen will entgehen/
der muß im wasser fahr bestehen.
Ob er dem regen wol entleufft/
daß er im wasser doch erseufft.

Die 13. Fabel der Hagenauer Ausgabe von 1534, in der Erasmus Alberus einmalig auf seinen Geburtsort Bruchenbrücken hinweist.
Zentralbibliothek Zürich und Österreichische Nationalbibliothek Wien

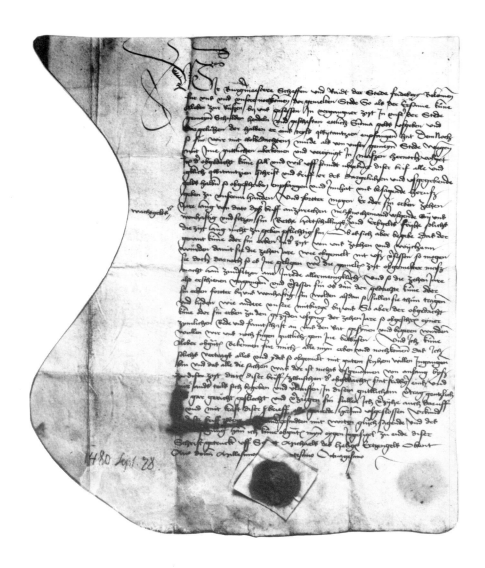

Urkunde der Freien Reichsstadt Friedberg vom 28. September 1480
Die Stadt Friedberg befreit den Kune Al(e)ber zur R(e)us(s)en (Großvater von Erasmus Alberus), der in ihrem Dienst Auslagen gehabt hat, auf 10 Jahre von Bede, Hertschilling, Wacht- und Erbgeld, womit Kune Aleber sich einverstanden erklärt.
Bibliothekszentrum -Stadtarchiv- Friedberg

Es erschien ihm auch wichtig in seinem Lexikon Staden[12] in der Wetterau zu erwähnen: "Nidda Stadium perlabitur, die Nied fleust durch Staden". Daß Staden in seinem Leben eine herausragende Bedeutung hat, verrät er mit keiner Silbe. Überhaupt macht er es seinen Biographen sehr schwer. Erasmus Alberus kämpfte für die Lehre Luthers persönlich an mehreren Schauplätzen der Reformation. Deshalb ist er biographisch so schwer zu erfassen. Erasmus Alberus gehörte zu den Reformatoren, die sich immer wieder im persönlichen Gespräch bei Martin Luther in Wittenberg Rat und vor allem Kraft holten für ihr schweres Amt.

Herkunft und Schuljahre als "Pfaffenkind"
- Kindheit in Staden, Schulzeit in Nidda und Weilburg -

Er war ein "Pfaffenkind", wie viele seiner Zeit, und von ganz Sittenstrengen wurden sie den Hurenkindern gleichgestellt. Sie durften nicht im Schutz der Familie aufwachsen. Diese leidvolle Erfahrung in seiner frühesten Jugend prägte ihn für sein ganzes Leben. Der katholische Priester Dietrich Alber aus Bruchenbrücken (heute Stadtteil von Friedberg) und dessen aus Windecken (heute Stadtteil von Nidderau) stammende Magd Greth waren seine Eltern[13]. Erasmus hatte einen Bruder namens Andreas, der bei seinem Großvater Kuno Alber in Friedberg und nach dessen Tod bei seinem Onkel Henne Alber, dem späteren Bürgermeister von Oberursel aufwuchs. Auf seinen Namen treffen wir in einer Urkunde der Reichsstadt Friedberg des Jahres 1524, in der des heißt "heut hat ein erbar Rath Andream Alber, des parhers sone, zum schulmeyster anzunemen bewilliget". Ein Burggerichtsprotokoll aus dem Jahre 1528 zeigt auf, daß Dietrich Alber, also der Vater von Erasmus und Andreas, noch immer Pfarrer in Bruchenbrücken ist. In dem gleichen Protokoll wird außer der Magd Greth, der Mutter der beiden Kinder, noch die Schwester des Pfarrers erwähnt.

Erasmus hingegen wurde in Staden erzogen. Diese Jugendjahre waren die glücklichsten im Leben des Erasmus. Die Stadener nannte er später seine "Landsleut" und Staden sein "Vatterlandt zum theil". Wenn Erasmus Alberus nicht auch ein bedeutender Fabeldichter gewesen wäre, wüßten wir heute wenig über seine Jugendjahre. In der 24. Fabel "Von eim Fischer, und Fischlin[14]" handelte er seine Jugend ab. Albers Fabeln zählen in der poetischen Literatur mit zu den bedeutendsten des 16. Jahrhunderts. Nach Meinung von Wilhelm Braune übertreffen sie die Fabeldichtungen des Burkhard Waldis[15]. Zeile 41 bis 71 dieser Fabeln sind aus mehreren Veröffentlichungen aus jüngster Zeit von Helmut Bode, Frank Gotta und mir bekannt [16].

Alber wies ab der Zeile 57 auf das Fischereirecht an der Nidda eines jeden Stadener Bürgers hin, das von Alters her verbrieft ist. Er erwähnte 1550 als erster in der Literatur den Sauerborn bei Staden und nannte einen frommen Stadener beim Namen.

Von Nidda fleust die Nidd fürtan,
Da sich die Wedderaw hebt an,
Dawernheim ligt zur rechten handt,
In einem feinen fruchtbarn landt,
Zur lincken Moxstad für dem Waldt,
So kömpt man darnach also baldt
Gen Staden in ein feines Schloß,
Ist aber sonderlich nicht groß,
Doch acht ichs groß in meinem sinn,
Weil ich darselbst gezogen binn,
Und ist mein Vatterlandt zum theil,
Drumb wünsch ich ihnen glück und heil,
Und alles was ich guts vermag,
Zu mitternacht zu mittem tag,
Ihn zu erzeigen binn bereit,
Damit ich flieh undanckbarkeit
Nun will ich sagen, warumb ich
Hab angefangen vornemlich
Zu schreiben von der Nidd, dabey
Sagt man, das diß geschehen sey,
Das ich jetzundt will zeigen an,

Zu Staden hat macht jederman,
Zufischen, und sind etlich tag
Bestimpt, das man wol Fischen mag,
Mein Landtsleut haben solch freiheyt,

Das ist ihr alt gerechtigkeit.
Es fleust vom Sawrbronnen nicht weit
Die Nidd, daselbst fischt auff ein zeit
Ein Mann, den ich mit namen nenn,
(Ein frommer Bürger) Götzenhenn,
Derselb ein kleines Fischlin fing.

Die Fabeln Esopi.

Von ein Fischer / vnd Fischlin

Die 24. Fabel.

Am Vogelsberg ein Wasserquell
Entspringt / die ist fein klar / vnd hell /
Obendig Schotten / bey ein meil
Fleust sie den Berg herab mit eil /
Mit namen Nidd nennt man die quell /
Darinnen geht manch gut Forell /
Zeugt auch Krebs / Krassen / Gründeln / Koben /
Drumb ist die Bornquell wol zuloben.
Wann sie für Schotten kompt hinauß /
So wirdt darnach ein Bach darauß /
Vnd rauscht den Wisen grundt hinab /

S iij   Wie

Die Fabeln Esopi.

Wie ich das offt gesehen hab/
Wann ich gen Schotten hab spatziert/
Vnd gute brüder visitiert/
Vnd weil sie mir gar offtmals han
Groß ehr vnd Reuerentz gethan/
Vnd mich geherbergt vber nacht/
Drumb hab ich jhrer hie gedacht.

Darnach die Nidd fleust zu der stat/
Die von der Nidd den namen hat/
Daher mein Herr von Hessen sich
Ein Grauen schreibt/daselbst bin ich
Ein kleines Schülerchin gewesen/
Vnd hab den Donat lernen lesen/
Daſſelbig Völcklin viel wolthat
Mir dazumal erzeiget hat/
Als ich von acht jarn war ein Kindt/
Mir viel partecken worden sind/
Drumb ich der Stadt/vnd jhrem Herrn/
Dem thewern Fürsten/hertzlich gern
Danck sage/vnd binn jhn bereit
So viel mir müglich/alle zeit
Zu dienen/ Aber weil ich jhn
Zu dienen nicht wol tüglich bin/
So laß ich doch mit nichten ab/
Geb jhn das beste das ich hab/
Nemlich/ich opffer für sie stets
Christo das opffer meines gebets/
Das er jhn helff zum ewigen leben/
Sonst hab ich jhnen nichts zugeben.

Von Nidda fleust die Nidd fürtan/

Da

Die Fabeln Esopi.

Da sich die Wedderaw hebt an/
Dawernheim ligt zur rechten handt/
In einem feinen fruchtbarn Landt/
Zur lincken Morstad/für dem Waldt/
So kömpt man darnach also baldt
Gen Staden in ein feines Schloß/
Ist aber sonderlich nicht groß/
Doch acht ichs groß in meinem sinn/
Weil ich daselbst gezogen binn/
Vnd ist mein Vatterlandt zum theil/
Drumb wünsch ich jhnen glück vnd heil/
Vnd alles was ich guts vermag/
Zu mitternacht zu mittem tag
Jhn zu erzeigen binn bereit/
Damit ich flieh vndanckbarkeit.

   Nun will ich sagen/ warumb ich
Hab angefangen vornemlich
Zu schreiben von der Nidd/dabey
Sagt man/das diß geschehen sey /
Das ich jetzundt will zeigen an.

   Zu Staden hat macht jederman/
Zufischen/vnd sind etlich tag
Bestimpt/das man wol Fischen mag/
Mein Landtsleut haben solch freiheyt/
Das ist jhr alt gerechtigkeit.

   Es fleust vom Sawrbronnen nicht weit
Die Nidd/daselbst fischt auff ein zeit
Ein Mann/den ich mit namen nenn/
(Ein frommer Bürger) Götzenhenn/
Derselb ein kleines Fischlin fing/

Welchs

Die Fabeln Esopi.

Welchs auß dem hamen schier entging/
Wann er mit seiner handt nicht wer
Behendt gewest/Das Fischlin sehr
Den Fischer bat/Vnd also sprach/
Ach werff mich wider in die Bach/
Was nütz ich dir auff deinem tisch/
Weil ich noch bin ein kleiner Fisch/
In dieser nehst vergangen nacht
Hat mich mein Mutter erst gemacht/
Ach lieb man laß dichs nicht verdriessen/
Laß mich im Wasser lenger fliessen/
Ach laß mich gehn/dieweil ich noch
Klein binn/Ich werd dir fürthin doch/
Wann ich nun groß bin/so will ich
Mich fangen lassen williglich/
Als dann binn ich ein nützer Fisch/
Vnd werd dir ziern den gantzen Tisch.

Der Fischer zu dem Fischlin sprach/
Du kompst nicht wider in die Bach/
Weil ich dich hab/so bleibstu mein/
Klein Fischlin mir gut Fischlin sein/
Weil ich dich hab/ behalt ich dich/
Gewiß für vngewiß nem ich.

☞ Morale.

Rem tibi quam noscis aptam, dimittere noli,
  Fronte capillata posthæc occasio calua.

Nach der weiß halt sich jederman/
Wie dieser Fischer hat gethan/
Gewisses/wie gering es sey

Das

Die Fabeln Esopi.

Das nem an/vnd leidt dich dabey/
Das dirs nicht geh/wie jhenem Hundt/
Ders stück fleisch nicht behalten kundt/
Vnd meynet nach der Sonnen schein/
Das falsch fleisch würd auch etwas sein/
Vnd ward jhm doch da nicht ein biß/
Vnd gabs gewiß fürs vngewiß.

Von eim alten Ziegocksen, vnd eim jungen Mestochsen/ oder Weydochsen

Die 25. Fabel.

Originalgetreuer Abdruck der 24. Fabel, der in Frankfurt am Main 1550 bei Peter Braubach erschienenen vermehrten Ausgabe der Fabeln. Erasmus Alberus erinnerte sich an seine Kindheit und frühen Jugendjahre und macht die Fabel den Bürgern von Schotten, Nidda, Dauernheim, Ober-Mockstadt und Staden zum Geschenk.
Niedersächsische Staats- und Universitätsbibliothek Göttingen

Alberus benutzte in seinen 49 Fabeln zweimal das Wort Vaterland[17]. Damit ist der engste Bezirk der Herkunft gemeint, da im 16. Jahrhundert das Wort Vaterstadt noch nicht geläufig war.

Mit acht Jahren wurde Erasmus seinem liebgewordenen Staden entrissen. Dietrich Alber, sein Vater, holte ihn ab und kaufte ihm auf der "Frankfurter Mess" einen Donat für zwanzig Pfennig[18]. Der Donat war im 16. Jahrhundert das am weitesten verbreitete Lehrbuch der lateinischen Grammatik. Ob Dietrich Alber in Frankfurt von einer in Nidda einige Jahre zuvor gegründeten Lateinschule erfuhr, wissen wir nicht[19]. Sicher ist nur, daß Erasmus in Nidda seine ersten Schuljahre - für ihn wahre Schreckensjahre - verbrachte. In seinem 1536 erschienenen Buch "Eyn gut buch von der Ehe" berichtete er über die seltsamen Lehrmethoden:

> "Als ich in die schul gienge, habe ich offt gesehen, wie man so greulich mit den armen kindern umgienge, da sties man ihn die köpff wider die wende, und zwar man hat mirs auch nit gespart. Ich war acht jar alt, da uberkame ich eyn schulmeyster zu Nidd. Wann der voll weins, ia voll'teuffel war, da zoge er mich schlafend vom strosack darauff ich schlieffe, und name mich bei den füssen, und zoge mich umbher uff und ab, als were ich eyn pflug, das mir das haupt uff der erden hernach geschlept, viel püffe leiden must. Darnach finge er eyn ander spill mit mir an, da nam er eyn stange, und zwang mich, das ich hinaufklimmen must, darnach lies er die stang aus der hand ghen, und mit mir zu boden fallen, das solt gute ingenia machen. Zu letzt name er mich, und sties mich in eyn sack, und hienge mich zum fenster hinaus, wann ich dann schri da hört mich ein priester freilich ein frommer man. der riefe meinem tollen schulmeyster zu, und sprach du nar, was treibst du mit dem kinde - nit mer will ich erzelen, für solchen schelmenstücken sollen sich die hüten, die mit den kindern umghen, so fein ward ich underwiesen, das ich, da ich 14 jar alt war, nit mein nomen kund declinirn".

Hans Holbein d.Ä. (1465 - 1524) Unterrichtsbetrieb in einer vorreformatorischen Lateinschule um 1500. (Ausschnitt)

Gutherzige Bürger aus Nidda und aus Schotten haben ihn als armen Schüler unterstützt. Ihnen widmete er den ersten Teil der 24. Fabel "Von einm Fischer und Fischlin", also bis zur Zeile 40.

Im Vogelsberg ein Wasserquell
Entspringt, die ist fein klar, und hell,
Obendig Schotten, bey ein meil
Fleust sie den Berg herab mit eil,
Mit namen Nidd nennt man die quell,
Darinnen geht manch gut Forell,
Zeugt auch Krebs, Krassen, Gründeln, Koben,
Drumb ist die Bornquell wol zuloben.
Wann sie für Schotten kompt hinauß,
So wirdt darnach ein Bach darauß,
Und rauscht den Wisen grundt hinab,
Wie ich das offt gesehen hab,
Wann ich gen Schotten hab spaziert,
Und gute brüder visitiert,
Und weil sie mir gar offtmals han
Groß ehr und Reverentz gethan,
Und mich geherbergt uber nacht,
Drumb hab ich ihrer hie gedacht.

Darnach die Nidd fleust zu der stat,
Die von der Nidd den namen hat,
Daher mein Herr von Hessen sich
Ein Graven schreibt, daselbst bin ich
Ein kleines Schülerchin gewesen,
Und hab den Donat lernen lesen,
Dasselbig Völcklin viel wolthat
Mir dazumal erzeiget hat,
Als ich von acht jarn war ein Kindt,
Mir viel partecken worden sind,
Drumb ich der Stadt, und ihrem Herrn,
Dem thewern Fürsten, hertzlich gern
Dancksage, und binn ihn bereit

> So viel mir müglich, alle zeit
> Zu dienen, Aber weil ich ihn
> Zu dienen nicht wol tüglich bin,
> So laß ich doch mit nichten ab,
> Geb ihn das beste das ich hab,
> Nemlich ich opffer für sie stets
> Christo das opffer meins gebets,
> Das er ihn helff zum ewigen leben,
> Sonst hab ich ihnen nichts zu geben.

Daß auf der Niddaer Lateinschule noch eine später so bedeutende Persönlichkeit zur gleichen Zeit mit Erasmus Alberus die Schulbank teilte, ist wohl einmalig in der Geschichte des 16. Jahrhunderts: Johannes Pistorius der Ältere (vgl.Anm.19). Sein Leben und das seines Sohnes hat der Emmendinger Altphilologe Hans-Jürgen Günther erforscht. Alberus wurde früher als Pistorius ein Streiter für das reformatorische Gedankengut[20]. Pistorius d. Ä. war ein Wortführer der protestantischen Bewegung[21] und wollte im Grunde seines Herzens die Erneuerung der christlichen Kirche, am besten nur einer einzigen. Pistorius und Melanchthon, beide hatten sich auf der ersten hessischen evangelischen Synode 1526 in Homberg an der Efze kennengelernt[21], verband von der ersten Minute an eine tiefe Sympathie, ja Freundschaft, die ein Leben lang anhielt. Auch Erasmus Alberus war ein Freund Melanchthons, obwohl er, als Schüler Martin Luthers, diesen höher einschätzte und das kraftvolle Auftreten Luthers und die Art wie dieser mit Gottes Wort umzugehen verstand, mehr bewunderte. Pistorius wie Melanchthon waren Humanisten und die Persönlichkeiten auf der protestantischen Seite, die 1530 auf dem denkwürdigen Augsburger Reichstag die "Confessio Augustana" formulierten[22]. Dieses Auftreten vor Kaiser Karl V. rückt den späteren Superintendenten Pistorius, der 71 Pfarreien in dieser schwierigen Zeit lenkte, in die erste Reihe der Reformatoren. Dieses Forschungsergebnis Hans-Jürgen Günthers muß in der Geschichtsschreibung unbedingt seinen Niederschlag finden.

Nur unzureichend gebildet absolvierte Alberus anschließend die Lateinschule zu Weilburg[23], die hauptsächlich dem Nachwuchs des nassauischen Adels vorbehalten war. Diese Schule, die in Fachkreisen auch als "kläglich" bezeichnet wurde, war für Erasmus die Vorstufe zum Studium an der Universität Mainz[24].

Studienzeit in Mainz unter Albrecht von Brandenburg
- Zuflucht bei Luther in Wittenberg -

Der damalige Erzbischof von Mainz, Albrecht von Brandenburg hatte Mainz zu einem Mittelpunkt der modernen Bildung gemacht. Mainz war aber auch, wie Erasmus Alberus später niederschrieb ein "schendlicher Meßmarkt". Seine hier gesammelten Erfahrungen als mittlerweile streitlustiger Denker seiner Zeit mußten ihn förmlich in die Arme Martin Luther getrieben haben[25].

Erzbischof Albrecht, 1518 zum Kardinal ernannt, berief den Dominikaner Johann Tetzel aus Pirna zum Generalsubkommissar des Ablaßhandels, dessen Erlös zur Hälfte Papst Leo X. zufließen sollte, zum Bau der Peterskirche in Rom. Über die andere Hälfte konnte Kardinal Albrecht frei vefügen. Luthers 95 Thesen, die er am 31. Oktober 1517 handschriftlich an mehrere Bischöfe und natürlich auch an den Mainzer Kardinal Albrecht von Brandenburg versandt hatte[26], wird unter den jungen Studenten in Mainz wohl eifrig diskutiert worden sein. Schon damals verehrten einige Kommilitonen der Mainzer Universität Luthers Anschauungen. Erasmus Alberus gehörte zu ihnen. Er verließ 1518 Mainz, die Hauptvertriebsstätte des "Petersablaßes" in Deutschland.

Albrecht Dürer: Albrecht von Brandenburg, Kardinal, Erzbischof von Mainz, Kupferstich 1523, Lutherhalle Wittenberg

Zettel des Ablaßunwesens, einer Verwandlung der Buße.
Lutherhalle Wittenberg

Sein Spätwerk von 1551 "Wider das Lesterbuch des hochfliehenden Osiandri" (vgl. Bibliographie Nr.37) liefert den Beweis. Alberus schreibt in der Vorrede, die dem Herzog Albrecht von Preußen gewidmet ist: "Ich bin bei Doctore Martino, unserm lieben Elia vor drei und dreißig Jaren gewest, und die lebendige Stim D. Martini (Gott lob) offt mit freuden gehöret, welchs Osiandro nit gespuret, und er auch als von ihm selbst gelert gnug, nit begert hat, habe auch in dreien iaren fur seinem tode, als ich durch den hellischen Cardinal zweymal veriagt, den Man Gottes offt gehöret, und bin von ihm beherberget un teglich sein lieber gast gewest."

Am 19. Juli 1519 immatrikulierte er sich an der berühmten Universität zu Wittenberg [27], wo damals Philipp Melanchthon Professor war. Von nun an saß er zu Füßen der Reformatoren, hörte die Vorlesungen und wurde ein eifriger Kämpfer für die Sache der Reformation.

Aus der Matrikel der Universität Wittenberg. Aquarellmalerei 1644.
Darstellung des Neuen und des Alten Collegiums. Lutherhalle Wittenberg

Lehrtätigkeit in Oberursel
- erste schriftstellerische Versuche -

Oberursel wurde 1522[28] nach seinem Studium zum ersten wirklichen Betätigungsfeld des jungen Theologen. Dies gelang nur durch Vermittlung seines Onkels Henn Alber[29], der dort Bürgermeister war und seinen Neffen beauftragte, dort eine Lateinschule einzurichten. Albers erste Tätigkeit war also keine seelsorgerische sondern eine pädagogische. Fünf Jahre wirkte Alberus in Oberursel.

Hier heiratete er auch die aus Oberursel stammende Katharina[30], deren Geburtsnamen wir nicht kennen. Neben seinen Verpflichtungen hatte er viel Zeit sich seiner geliebten Wetterau schriftstellerisch anzunehmen. Hier entstand das Manuskript der "Kurtzen Beschreibung der Wetterau" und viele seiner Fabeln, die er 1534 veröffentlichte.

In Oberursel machte Alberus auch die Bekanntschaft des Reformators Caspar Aquila[31]). Er war ein hervorragender Kenner der hebräischen Sprache. Vermutlich vermittelte Alberus Caspar Aquila an Martin Luther, denn kurz darauf war er in Wittenberg anzutreffen. Er unterstützte Luther bei der Übersetzung des Alten Testaments.

30 Jahre später ehrte Erasmus Alberus den Caspar Aquila, indem er ihm sein Buch "Vom Basilisken zu Magdeburg" widmete. Alberus schreibt: "Schon vor 30 Jahren habe ich in Oberursel eine evangelische Predigt von ihm gehört". Alberus erinnert sich deshalb an diesen treuen Anhänger Luthers, da in kurzer Abfolge nach Luthers Tod in Deutschland Auseinandersetzungen der unterschiedlichen Bekenntnisse entstanden waren. Im Anhang zu diesem Buch erinnerte er sich überhaupt an seine Wetterauer Jahre [32]). Wie er die Wetterau durchstreifte verriet er mit jeder Zeile. "Wo süße und saure Brunnen quellen, wo billig gutes Fleisch und gute Fische zu haben sind, wo guter Wein wächst, der den Reinischen darf überwinden". Er schreibt wörtlich:

Caspar Aquila (1488 - 1560), Holzschnitt
Erasmus Alberus war 1522 einer seiner Predigthörer in Oberursel. Ihm widmete er 1552 sein Buch
"Vom Basilisken zu Magdeburg"
Stadtarchiv Oberursel,
Hinweis Manfred Kopp

"Man brauet auch ziemlich gut Bier in der Wetterau, als zu Nidda, Butzbach, Laubach, Hochweisel, Gießen und Grünberg usw. Dann sind in der Wetterau sechs namhaftige Wasser, der Mayn, die Lahn, die Kintz, die Nidder, die Nidda, die fleust durch die Stadt Nidda hin, und Wetter, daher das Land den Namen hat. Zu Nidda ist auch ein Schloß, daselbst schreibet sich der Landgraffe einen Graffen, ist halb

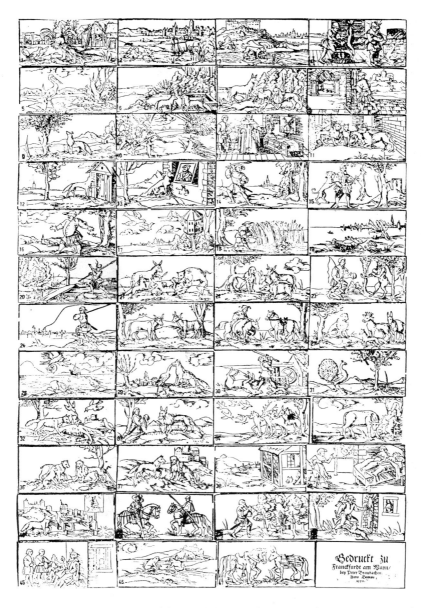

*Holzschnittillustrationen der Frankfurter Fabeln-Ausgabe 1550. Gedruckt bei Peter Braubach.
Fotomontage Burkhard Steinhauer*

Wetterauisch. Summa der Stedte 53, der Schlösser 57 ohn der Edelleute Häuser, die man nicht Schlösser nennt. Dazu sind da noch mehr dann 50 Klöster und Stift untereinander. Zu Nidda ein Johannes-Haus. Es haben aber gedachte Fürsten, Grafen und Herren, auch anderswo Land, sunst könnten sie sich nit alle allein von der Wetterau erhalten." Er schloß dieses Kapitel mit den Worten: "Diß habe ich geschrieben/ der Wetterau meinem Vatterland zu Ehren/ daß die Inwohner Gott dancken und loben um das schöne Land/ das er ihnen gegeben hat. Amen".

So zufrieden wie Alberus mit seinem Lehramt in Oberursel war[33], so unzufrieden war er mit den Predigten des katholischen Ortspfarrers Johannes Rau. Alberus will nicht länger "daheim bey den papisten seyn[34]." Es zog ihn nach Eisennach in der Hoffnung, dort werde "das Evangelium fein, reyn und lauter gesprochen" werden als in Oberursel. Auch hier wurde ihm eine Pfarrstelle verwehrt. Sein Vorgesetzter, der Superintendent Jacob Strauß hinderte ihn Gottesdienste zu halten. Alberus bekleidete auch hier nur ein Lehramt. Nach zwanzig Wochen ging er nach Oberursel zurück. Er beschimpft Strauß mit den Worten, er sei ein Affe Luthers[35] und schrieb: "Da ich aber dar kam, fand ich eitel Schwermerey und ging mir gleich dem, der den Regen gedenkt zu entlaufen und fällt in ein tieffes Wasser".

Aufenthalt bei Ritter Conrad von Hattstein in Usingen

Bald darauf - 1527 - sollte er auf der Burg Hattstein im Taunus für den Ritter Conrad von Hattstein ein Kopialbuch mit Urkundenabschriften angelegt haben[36]. Die Hattsteiner waren im vorangegangenen Jahrhundert ein ausgesprochenes Raubrittergeschlecht. Die Stadt Frankfurt hatte ihre liebe Last mit den plündernden und raubenden Hattsteinern. Zeitweise verloren sie alle Rechte an ihrem Stammsitz. Die ständigen Zwistigkeiten führten im 15. Jahrhundert zur totalen Einäscherung der Burg[37]. Frankfurt schloß 1468 mit den Ganerben einen Vergleich, nachdem von Hattstein ihnen seinen Anteil an der Burg unter der Bedingung überließ, daß sie die Burg binnen sechs Jahren neu aufbauen und Frankfurt die Öffnung der hergestellten Burg zugestanden erhalten solle. Die Burg wurde dann auch wieder hergestellt. Als Ganerben treten die Grafen von Nassau, die von Eppstein und die von Hattstein auf.

Conrad von Hattstein, der Zeitgenosse und Wohltäter des Erasmus Alberus, war ein Sohn des Ludwig Marquard[38], der als Amtmann vermutlich schloßähnlich in Usingen residierte. Conrad von Hattstein lebte also wie sein Vater hier in Usingen und übernahm 1517 von ihm dieses Amt, das er bis 1535 bekleidete[39]. Da Erasmus Alberus im Jahre 1527 im Dienste dieses Ritters stand[40], darf angenommen werden, daß Alberus in Usingen das Kopialbuch angelegt hat. In einem Brief Albers an seinen Freund Johannes Chun[41], einem nassauischen Beamten (Keller) in Kirchheim aus dem Jahre 1534 wird diese Beziehung mehr als deutlich. Alberus schreibt: "Ersamer und Achtbarer lieber Freünd und Herr, Ihr wisset wol, wie ich für etlichen iaren, da ich noch zu Ursel und ihr zu Usingen Schulmeister warent, etliche Fabulas Aesopi in teutsche Rheime gebracht, und Euch, als meinem lieben Freund gesendt habe. Ich hab sie mittlerzeit corrigiert und gemehrt und in ewerm Namen lassen ausghen". Alber widmete seine Fabeldichtungen also einem <u>Freund</u>. Diese Freundschaft konnte nur in Usingen gefruchtet sein, während der Tätigkeit Albers als Schreiber des Kopialbuches für den Ritter Conrad von Hattstein. Albers Beziehungen zu Oberursel waren nicht gelöst. Seine Frau lebte weiterhin in Oberursel und Erasmus Alberus kehrte immer wieder hierhin zurück. Erst im Oktober des Folgejahres verließen sie gemeinsam die Stadt[42].

In Sprendlingen führte er Luthers Katechismus ein
- Reiseprediger in der Markgrafschaft Küstrin -

1528 trat Alberus das Predigtamt zu Sprendlingen an[43], an das Götzenhain angeschlossen war, wohin ihn der Landgraf von Hessen berufen hatte. Dort verbrachte er elf arbeitsreiche Jahre als Prediger, Schulmeister und Fabeldichter[44]. In seinen Lehrmethoden ging er neuartige Wege, in dem er Luthers Katechismus in den Mittelpunkt seines Unterrichts stellte. 1535 mußte die Schule bereits wieder geschlossen werden, da eine Seuche ausgebrochen war[45]. Hier in Sprendlingen veröffentlichte er erstmals 17 Fabeln, die er dem bereits angesprochenen Johannes Chun widmete. 1537 folgte ein Einzeldruck, den er der Stadt Oberursel widmete.

Titelblatt des "Kleinen Katechismus"
um 1530.
Original in Privatbesitz

Die Reformation hat er erfolgreich eingeführt. Öffentliche Beschimpfungen und Androhungen von Schlägen von seiten der Gegner waren an der Tagesordnung. Durch den Tod seiner Frau im Jahre 1536[46] fühlte sich Alberus vereinsamt in der Gemeinde, so daß er dankbar war, als ihn der Markgraf Hans von Küstrin als Reiseprediger berief [47]. Dies geschah auf Empfehlung des Landgrafen Philipp von Hessen. Fünfzig Taler "Zehrgeld" erhielt er von dem Landgrafen und die Zusicherung an seine Pfarrei in Sprendlingen zurückkehren zu dürfen. Seine Tätigkeit hatte den Erfolg, daß sich ganze Landstriche in der Neumark dem lutherischen Glauben zuwandten. Im Juli 1539 kehrte er nach Sprendlingen zurück. Während seiner Abwesenheit hatte sich vieles verändert. Er nannte die Gemeinde "verwildert". "Die Bauern halten, nach Franckfurter Vorbild, die Feiertage nicht mehr ein. Sie werden auch von der Obrigkeit zu Frondiensten und als Jagdgehilfen beansprucht[48]." Im selben Jahr wurde er durch Zutun des Mainzer Erzbischofs entlassen.

Ruheloses Wanderleben wider Willen

Es folgte eine Zeit ständiger Wanderung, finanzieller Sorgen und starkem politischen Engagements. Bezeugt sind Aufenthalte in Marburg[49] und Basel[50]. 1540 kam er nach Butzbach[51]. Ob sein Interesse in Butzbach in erster Linie der weithin berühmten Bibliothek der Kugelherren galt, ist nicht bekannt. Sicher lebte er hier bei seinem Onkel Wolf Echzell, der im selben Jahr Nachfolger seines Vaters im Amt des gräfl. Solms-Lichischen Kellers (vgl. Stammtafel im Anhang) geworden war. Ihm verstarb wenige Monate zuvor die Frau, die vermutlich eine Stiefschwester von Erasmus Albers Vater gewesen war. Während Erasmus Albers Oberurseler Zeit lebten Familienmitglieder der Alber mit Wolf Echzell im Streit, worüber das Friedberger Stadtgerichtsprotokoll des Jahres 1526 Aufschluß gibt (vgl.Schenk zu Schweinsberg, Anm. 51). Alberus durfte in Butzbach die umfangreiche Bibliothek des 1468 von den Kugelherrren gegründeten St.-Markus-Stiftes benutzen und vollendete hier sein etwa um 1525 begonnenes Lexikon "Novum Dictionarii genus", das am 5. August 1540 im Druck erschien. Dieses umfangreichste Werk aus seiner Feder (über 800 Seiten) widmete er den beiden ältesten Söhnen Wilhelm (geb. 1532) und Ludwig (geb. 1537) des Landgrafen Philipp von Hessen. Das ursprünglich als Reimwörterbuch gedachte Lexikon entwickelte sich zum Sachwörterbuch und zählt heute zu den bedeutensten Lexika des 16. Jahrhunderts.

Ende 1540 traf Alberus in Wittenberg ein, ein neues Amt suchend. Luther empfahl ihn dem Kurfürst Joachim II. von Brandenburg[52]. Erasmus Alberus wurde Pfarrer in der Neustadt Brandenburg an der Havel und heiratete Gertrud, vermutlich die Tochter eines Hofbeamten[53]. Aufgrund von Machenschaften des Rates der Stadt fiel Alberus bei dem Kurfürsten 1542 in Ungnade, weil er sich dort für eine Verbesserung der schlechten wirtschaftlichen Lage der Pfarrer einsetzte[54]. Ein Vermittlungsversuch Luthers schlug fehl[55].

Während sich Alberus wieder einmal in einer ausweglosen Situation befand und wie so oft in seinem Leben bei Melanchthon und Luther in Wittenberg Zuflucht suchte, gab er seine Frau Gertrud in den Schutz ihrer Eltern (vgl. Brief Albers an Nicolaus Ewald, Anm. 53). In Luthers Haus erlebte er infolge des Todes von Luthers Tochter Magdalena[56] leidvolle Tage. Die von Martin Luther für seine Tochter in lateinischer Sprache abgefaßte Grabrede übersetzte Alberus ins Deutsche, brachte sie aber erst im Jahre 1552 in seiner Hamburger Zeit zu Druck[57].

Eine glückliche Zeit in Staden
- Angenehme Kindheitserinnerungen werden wach -

Irgendwann zwischen dem 18. Juni 1543 und dem 11. Oktober desselben Jahres wurde Erasmus Alberus zum Pfarrer der Ganherrschaft Staden berufen[58].

Dies wurde möglich durch die Besitzverhältnisse der Ganherrschaft von Staden[59]. Nachweislich war Graf Anton von Ysenburg-Ronneburg Eigentümer eines Viertels der Ganherrschaft und schon vor 1526 ein Anhänger der Lehre Luthers[60] gewesen. In Büdingen selbst hatte er größte Schwierigkeiten, die neue Lehre durchzusetzen, da Büdingen selbst ein gemeinschaftlicher Besitz der zwei Isenburger Linien[61] war. Der Mainzer Erzbischof Albrecht erreichte 1526 mit Hilfe des Grafen Johann von Isenburg-Birstein die Absetzung eines protestantisch gesinnten Pfarrers in Büdingen[62]. Erasmus Alberus weilte selbst vor seiner Oberurseler Zeit 1522 ganz kurz als Hilfslehrer in Büdingen[63] und lernte den Grafen Anton als treuen Lutheraner schätzen. In Staden konnte die Isenburg-Birsteiner Linie keine Einfluß nehmen[64].

Die Burg Friedberg als weiterer Ganerbe von Staden war bereits 1541 evangelisch geworden[65] und Graf Ludwig, Löw zu Steinfurt, ebenfalls Ganerbe von Staden, gehörte zu den treuen Gefolgsleuten Luthers. Ihm verstarb 1529 ein Sohn, der in Wittenberg ein Schüler Luthers war, am "englischen Schweiß", einer von England ausgehenden Seuche[66].

Wann genau Erasmus Alberus mit seiner Frau Gertrud im Jahre 1543 Stadener Boden betrat, ist nicht nachweisbar[67]. In einem von Georg Spalatin an Justus Jonas geschriebenen Brief, datiert auf den 18. Juni 1543, war Alberus noch ohne ein neues Amt[68]. Am 11. Oktober desselben Jahres, als ihm längst das Pfarramt zu Staden übertragen war, erlangte er in Wittenberg, unter Luthers Vorsitz, die Doktorwürde der Theologie von dem Wittenberger Universitätsprofessor und Reformator Johannes Bugenhagen[69] (Johannes Pomeranus). Ohne Zweifel hatte Alberus mit seiner Frau Gertrud in Staden, dem Platz seiner Jugend, eine schöne Zeit, owohl sie sich finanziell schlecht standen.

Alberus schreibt[70] *(Urfassung):* "Es ist von nöten, das ein Register der Pfarren einkummens gemacht werde, weill der pfarhof sampt dem Register verbrand ist." Da Alberus weiter schreibt: "Man muß Erkundigungen bei den Ältesten einholen, um den Lebensunterhalt der Pfarrer - auch zukünftig - zu sichern", steht außer Frage, daß der Brand wohl schon einige Zeit zurücklag.

Neben seinen seelsorgerischen Aufgaben in der Gemeinde unterichtete er die Kinder und bemühte sich bei den Ganerben "eyn schul zu Staden einzurichten[71]". Er war also nicht nur der erste evangelische Pfarrer in Staden sondern auch der Initiator eines Bildungswesens.

Albers Zeit in Staden fiel in eine Ära, in der der Protestantismus noch ganz und gar nicht gefestigt war. Alberus ging von Staden aus gegen den unschlüssigen Theologen Georg Witzel (1501 - 1573) vor, und zwar nicht in Form einer Abhandlung wie 1539[72],sondern in einem gereimten Spottgedicht[73]. Dieses Gedicht ist voll Zorn über den Überläufer. Alberus sagte über ihn: "Ungeachtet was Recht und Unrecht ist, sucht er einen Weg, auf dem er bekannt werden kann. Da ihm die Zeit, in der er evangelisch gewesen war, keinen Ruhm eingebracht hatte, will er jetzt auf die Seite der Papisten überwechseln". In Männern wie Witzel sah Alberus nicht nur sein Lebenswerk in Gefahr, er befürchtete größere Ausschreitungen gegenüber der Sache für die der lebte und wirkte.

Erasmus Alberus erlebte in Staden, daß sein Buch, die Satire auf den Franziskanerorden mit dem Titel "Der Barfüßer Mönche Eulenspiegel und Alcoran[74]" zu einem Bestseller wurde; vier weitere Auflagen folgten. Sie wurden ins Französische, Niederländische und Lateinische übersetzt. Er erfuhr in Staden noch einen weiteren literarischen Höhepunkt: Das hier überarbeitete Buch von 1541 "Ein Gespräch von der Verführung der Schlange[75]" erreichte drei weitere Auflagen. Auch dieser Titel war ein Publikumserfolg im 16. Jahrhundert.

Dies hatte zur Folge, daß der junge, evangelisch gesinnte Graf Philipp IV. von Hanau-Lichtenberg auf ihn aufmerksam[76] wurde. Alberus wurde in die Residenz

Buchsweiler eingeladen[77]. Aus der ursprünglichen Absicht des Grafen, von Alberus in seinem Eigengut Babenhausen und Schafheim die Reformation einführen zu lassen, wurde ein verlockendes Angebot: Alberus sollte Superintendent in Babenhausen werden[78]. Er nahm die Stelle an, bedeutete dies doch endlich ein geregeltes Einkommen. Die Kirchendienerordnung von 1531, der 1532 die Hessische Kirchenordnung folgte, regelte neben dem "Amt und Befehl" auch die "Zehrung" der Superintendenten[79].

Am 15. November des Jahres 1544 schrieb er von Staden aus dem Graf Philipp von Hanau-Lichtenberg nach Buchsweiler, daß er seine "Hausfraw, weil sie der Geburt nahe, ghen Langen (zu seinem Freund, dem Pfarrer Dorsch) habe lassen führen; seine Bücher und Hausrat habe er in Fesser gepackt, willens über 14 Tage an sein Ampt an zu treten".[80] In ziemlicher Eile schrieb er - wahrscheinlich kurz vor seiner Abreise von Staden - das obengenannte Elaborat (Anm.70). Eine Unterschrift fehlt. Es handelt sich um eine Niederschrift auf Papier im Umfang von 2 Bögen in der Größe von ca. 295 X 410 mm. Das Wasserzeichen stellt einen gekrönten Adler mit aufgeworfenen Schwingen dar. Das Elaborat war an das "Kirchenregiment zu Staden gerichtet, durch Erasmus Alberus furgeschlagen", 1544.

Alberus beschuldigte darin seinen katholischen Amtsvorgänger und einen Amtmann[81] bei "Leydecken" eine Wiese verkauft zu haben, die zur Pfarrei gehörte. Das Geld haben sie "noch hinter sich". Auch bat er die Ganerben eine Regelung zu treffen, ob zukünftig Jahrbegängnisse[82] verstorbener vornehmer Personen stattfinden sollen. Dem Stadener Wirt müßten die zwei Morgen kirchlichen Pachtlandes abgenommen werden, da er sich weigerte, den Wein zum Abendmahlgottesdienst zu liefern. ("Weil aber nun das Volck selbst Messe helt, das ist, zum heyligen sacrament ghet, höre ich, der wirt beschwere sich, den wein darzu zu geben"). Für arme Schüler sollten Stipendien bereitgestellt werden. Der Pfarrer zu Florstadt müßte abgesetzt werden, da er mit "eyn andern mannes weib bei siebzehn jar zugehalten hat". Die Gemeinden würden sich beklagen, "das sie nichts von ihm lern". Einem alten Ehepaar aus Florstadt, das jetzt bei ihrer verwitweten Tochter in Staden lebe, solle jährlich mit vier oder fünf Achtel Korn vom "Bau zu Florstadt" versorgt werden, da sie 30 Jahre lang das Glockenamt (läuten) versehen haben. "Der Mann leide an Fallsucht, seine Frau liege altersgeschwächt im Bett. Ich hörte, sie seien ein Leben lag sehr arbeitsselig gewesen."

Mit Alberus verließ ein Gemeindepfarrer mit hoher sozialer Fürsorgepflicht seine Stelle. Dieses Engagement wurde mit jeder Zeile dieses Elaborats deutlicher. Auch seine innere Verbundenheit zu dieser Stadt war in jeder Zeile spürbar.

Schmerzliche Erfahrungen in Babenhausen

Wie mußte ihn doch die Ankunft in Babenhausen verletzt haben, als er erfuhr, von seinem neuen Gönner belogen worden zu sein. Graf Philipp versuchte, ihn mit einem Abstandsgeld von 10 Gulden wieder los zu werden[83]. Als Grund gab er an, daß er den Babenhausener katholischen Pfarrer nicht vor dem nächsten Sommer entlassen könne. Er bestritt auch, Alberus jemals eine Superintendentenstelle angeboten zu haben. Nach langwierigen Verhandlungen wurde ihm das Amt eines Predigers in Babenhausen für ein Jahr zugebilligt, mit einem Gehalt von 200 Gulden. Ihm wurde unmißverständlich klar gemacht, das Evangelium laut und rein zu predigen, jedoch soll er den Erzbischof in Mainz und andere nicht beim Namen nennen und ausschimpfen[84].

Alberus unterwarf sich erstmals einer Anordnung. Er wurde Vater einer Tochter und aus diesem Grund ist es mehr als verständlich, daß er nicht gegen die Obrigkeit revoltierte. Im Gegenteil, er zeigte seinem Grafen an, daß "sein Volk zu Babenhausen ser vleißig ist, Gottes Wort zu hören und ist eyn große freude in disser Stat über die großen und hehrlichen Thaten, so ihnen verkündiget werden, und kummen vil alter Leute zu mir und dancken Gott hertzlich für disse Lere".[85] Genau nach Jahresfrist wurde er entlassen und blieb somit ohne Amt und Mittel, sich und seine Familie zu unterhalten. Wie schon so oft in seinem Leben fand er auch jetzt Zuflucht bei Luther in Wittenberg[86].

Unterschrift von 1545: "Erasmus Alberus der heiligen Schriften Doctor". Sammlung Burkhard Steinhauer

Wieder in Wittenberg
- Ein Publizist mit spitzer Feder -

Hier traf er einen todkranken Mann an. Alberus schickte seine Frau mit dem Kind zu ihren Eltern nach Brandenburg[87]. Er selbst wohnte in Luthers Haus in Wittenberg. Er blieb auch dort wohnen, als Luther Ende 1545 nach Eisleben reiste. Luther soll vor der Abreise zu seinem Arzt gesagt haben: "Wenn ich wieder von Eisleben komme, dann will ich mich in meinen Sarg legen und den Würmern einen feisten Doktor zum Schmause geben... Ich bin der Welt müde"[88].

Dis zeichen sey zeuge / das solche bucher durch meine hand gangen sind / den des falsche druckes vnd bucher verderbens / vleyssigen sich ytzt viel

Obere Reihe: Luthers Schutzzeichen im alten Testament von 1524. Lutherhalle Wittenberg
Unten: Signum des Erasmus Alberus, das wie bei Luther ein die Kreuzesfahne tragendes Lamm, aus dessen Brust ein Blutstrahl in einen Kelch fließt, darstellt. Alberus verdeutlichte so seine innere Verbundenheit zu seinem verstorbenen Freund Martin Luther. Er verwendete dieses Schutzzeichen allerdings nur in seiner Hamburger Zeit 1551/52.
Niedersächsische Staats- und Universitätsbibliothek Göttingen

Die hier angesprochene Reise nach Eisleben stand im Zusammenhang mit der Schlichtung von Erbstreitigkeiten, für die die Grafen von Mansfeld Luthers Hilfe erbeten hatten. Am 23. Januar 1546 reiste Luther abermals nach Eisleben. Dies sollte der Tag sein, an dem Erasmus Alberus zum letztenmal Luther lebend sah. Luther starb am 18. Februar in Eisleben, nach Wochen zäher Verhandlungen mit den streitenden Parteien[89]. Alberus verfaßte einen Nachruf [90], der Zeugnis davon ablegte, daß er ein treuer Schüler und Freund Luthers gewesen ist. Alberus suchte nun Zuflucht in Melanchthons Haus[91]. Der Versuch Melanchthons, ihn in Rotenburg ob der Tauber[92] unterzubringen, scheiterte. Er kam dort schwer krank an. Fünf Wochen plagte er sich mit der Krankheit herum, ja er fühlte sich dreimal in dieser Zeit dem Tode nahe und klagte ständig über Schmerzen in der rechten Seite. Der Rat der Stadt zeigte sich hilfsbereit und großzügig, auch als es ihm wieder besser ging. Alberus schrieb in einem Brief vom 6. August 1546 an seinen Freund in Babenhausen, Nicolaus Ewald, "sie schenkten mir 40 Gulden und richteten alle Unkosten und Arztlohn aus, in Summa bei 112 Gulden". In Wirklichkeit aber befürchteten sie, er würde sterben und wollten ihn deshalb möglichst schnell wieder loswerden. Es könnte in Rothenburg ein "Geschrei" geben, da ein viertel Jahr zuvor 2 Prediger "flux noch eynander gestorben waren." "Keyn Prediger bliebe lebendig bei inen." "So bin ich wider in Wittenberg bei Philippo[93]."

Der Schmalkaldische Krieg bahnte sich damals schon an, ja Alberus befand sich plötzlich in seinem Brennpunkt. Es ist eine Zeit, in der er sich als herausragender Publizist bestätigt hatte[94]. Sein Mut im Auftreten gegen den Kaiser und gegen Moritz von Sachsen ist heute noch bewundernswert. Als geborener Wetterauer ermunterte er in Sachsen seine Kampfesgenossen mit feurigen Worten. In seinem Heimatland hatten sich die Pfarrer bereits 1530 für das Recht ausgesprochen, sich gegen den Kaiser zu wehren[95].
Alberus verfaßte im Jahre 1546 die Schrift: "Ob die Stände des Reichs einem tyrannischen Kaiser widerstehen mögen." Diese Schrift ist heute nicht mehr zugänglich[96]. Als im Herbst 1546 Moritz von Sachsen Wittenberg belagerte, weilte Erasmus Alberus noch immer in Melanchthons Haus. Am 6. November des gleichen Jahres löste sich die Wittenberger Universität auf und Alberus flüchtete mit mehreren Professoren nach Brandenburg[97].

Wittenberg um 1553. Von einem Einblatt-Holzschnitt Lucas Cranach d.J.
Lutherhalle Wittenberg

Ein unbeirrbarer Streiter für den Fortbestand des Protestantismus

Er hielt sich zunächst bei seiner Familie in Brandenburg auf (vgl. auch Anm. 93). Mittlerweile muß eine zweite Tochter das Licht der Welt erblickt haben. Anfang 1547 kam er auf Einladung Georg von Minckwitz' nach Leipzig[98], wo er die Belagerung der Stadt durch Moritz von Sachsen miterlebte. 1548 befand sich Alberus mit seiner Familie in Magdeburg. Er bekam vom Rat der Stadt den Auftrag an Festtagen zu predigen und eine Theologieschule zu gründen[99].

In diesen schweren Zeiten schrieb er Kirchenlieder und dies in einer Stadt, in der außerdem die Pest wütete[100]. "Christe, du bist der helle Tag", "Steht auf ihr lieben Kinderlein" und das Lied "Gott der Vater wohn' uns bei" entstanden in dieser Zeit. In Magdeburg standen trotz kaiserlichen Verbots die Buchdruckerpressen für die Verbreitung von Schriften gegen die Glaubensordnung des Kaisers nicht still[101]. Auch die Bürgerschaft stritt in jener Zeit für das reine Luthertum und die eigene Reichsfreiheit. Bereits am 27. Juli 1547 wurde Magdeburg in die Reichsacht erklärt. Am 18. Mai 1549 wurde dies wiederholt und die Stadt gleichzeitig einer Belagerung ausgesetzt[102]. Die Zustände in Magdeburg ließ Wilhelm Raabe in seinem Roman "Unseres Hergotts Kanzlei" noch einmal aufleben[103]. Zu Beginn des elften Kapitels heißt es:

> Diese Belagerung der Stadt Magdeburg von Tag zu Tag zu schildern, wäre wohl ein höchst treffliches, aber auch äußerst schwieriges Unternehmen. Da müßte man in den Chroniken und den alten verstaubten, vom Wurm durchfressenen Schriftstücken dem Wege jeder einzelnen Kugel, welche der Feind in seiner Wut "hereinscheußt", folgen. Heut wird Peters des Unterschreibers Dachstuhl, morgen Schechtings Schornstein herabgeworfen. Heut wird Joachim Balke totgeschossen, morgen Andreas Bürkicht, des Kaufmann Bürkicht Junge. Heut schießt der Feind vom Zoll in Backmeisters Haus, morgen fällt während der Predigt ein "groß eysern Glötte" in die Johanniskirche mitten unter das Volk, ohne Schaden zu tun. Einmal hat der Doktor Erasmus Alberus kein Holz im Hause, ein Gericht Fische, so ihm ein guter Freund verehrte, dabei zu sieden; da kommt eine Kugel, trifft einen Balken über dem Schreibtisch des Doktors und wirft ihm die Späne um den Kopf, "raffet er dieselben Späne auf, traget sie in die Küchen und lasset

die Fische dabey gar machen". Kinder und Jungfrauen werden durch einfallende Geschosse getötet und diese Unglücksfälle getreulich aufgezeichnet wird selbstverständlich, wenn eine andere schwere Kugel das Dach der Johanniskirche zerschlägt, aber auf der Wölbung liegen bleibt und so "die Kirche das Interim nicht annehmen" will.

Während seines Aufenthaltes in Magdeburg gedachte er auch mit einem Schmähbrief des Wittenberger Pfarrers und Theologieprofessors Johannes Bugenhagen. Bugenhagen, Albers Freund und Promotor hatte sich der durch Kaiser Karl V. erlassenen vorläufigen Ordnung für Lehre, Gottesdienst und Kirchenordnung der Protestanten, die u.a. die Wiedereinführung des römisch-katholischen Gottesdienstes in bestimmten evangelischen Kirchen verlangte, unterworfen[104]. Bugenhagen war nicht der einzige der ehemaligen Führungsriege um Luther, der sich diesem "Interim" beugte[105]. Nach Luthers Tod setzte Alber als einziger seine ganze Kraft und sein Wissen ein, sich dem Gegner nicht ohne Kampf geschlagen zu geben. Als Magdeburg militärisch nicht zu halten ist, war die Frage des Interims vorläufig entschieden. Alberus verließ 1551, zum dritten Male Vater geworden (vgl. Anm. 107), mit seiner Familie das Land des Moritz von Sachsen[106].

In der Folgezeit hielt sich die Familie in Hamburg[107] auf. Hamburg war eine der wenigen großen Städte, wo die Druckereien noch ungehindert arbeiten konnten[108]. In Hamburg erschien 1552 auch seine "Kurtze Beschreibung der Wetterau[109]". Zum erstenmal verwandte er jetzt ein Buchsignum[110] und zeichnet den Bibelspruch hinein: "Ich lebe und ihr sollt auch leben". Bei Johannes, Kap. 14, V. 19 heißt es vollständig: "Es ist noch um ein kleines, dann wird mich die Welt nicht mehr sehen. Ihr aber sollt mich sehen, denn ich lebe, und ihr sollt auch leben."

Späte Anerkennung und leidvolle Monate in Neubrandenburg
- Erasmus Albers Abschied von dieser Welt -

Erasmus Alberus war in eine ausweglose Situation geraten. Ohne ein festes Amt zu haben reiste er über Lübeck[111] nach Rostock. Nachrichten zufolge nahm sich der Magister Konrad Pegel, einer der angesehensten Professoren der Universität Rostock[112], Albers an und empfahl den Heimatlosen dem Herzog Johann Albrecht von Mecklenburg. Dieser berief ihn am 19. Oktober 1552 zum Prediger an der St. Marienkirche zu Neubrandenburg und zum Superintendenten des Landes Stargard[113]. Es schien noch einmal, als ob sich dem müden Streiter ein freundlicheres Schicksal auftun sollte. Aber an seinem neuen Wohnort setzte sich das alte Mißgeschick fort, ja es steigerte sich bis zur Unerträglichkeit, denn der Rat hatte vor Albers Ernennung eigenmächtig Martin Wendt zum Pastor gewählt. Er setzte, obwohl diese Wahl dem Herzog zukam, sehr starken Widerstand gegen die Ernennung Albers. Das Gehalt, das Alberus vom Herzog zugesprochen bekam, enthielt der Rat ihm vor. Er verhinderte auch, daß seine Predigten besucht wurden[114].

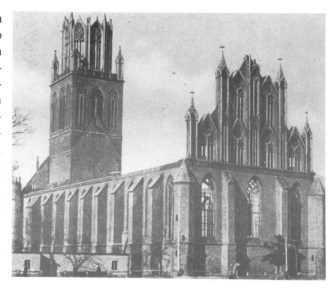

Ostgiebel und Turm der St.Marienkirche in Neubrandenburg als Ruine 1956. Foto König, Neubrandenburg

In solch drückende Verhältnisse war Erasmus Alberus geraten, als ihn am 5. Mai 1553 nach Erkrankung an einer Art Schlaganfall (...fuit species apoplexia) der Tod ereilt[115]. In der St. Marienkirche in Neubrandenburg fand er vor dem Hochaltar seine letzte Ruhestätte. Die Witwe Albers und ihre Töchter[116], Anna, Dorothea und Gertrud behielten Neubrandenburg als Wohnort bei[117]. Die Vollendung des neuen Kirchturms seiner Kirche hatte er nicht mehr erlebt. Viele Stadtbrände, besonders die im 17. Jahrhundert, verwüsteten die Kirche, die mehrfach ausbrannte. Das Gotteshaus wurde immer wieder hergestellt und Albers Grab soll noch bis ins 19. Jahrhundert hinein zu sehen gewesen sein. In den letzten Kriegstagen des zweiten Weltkriegs sank die Kirche in Schutt und Asche. Es stehen noch die Ringmauern mit zerschlagenem Fenstermaßwerk, der beschädigte Ostgiebel und der Turm ohne Helm[118]. Der Boden der Ruine wurde noch zu DDR-Zeiten mit Steinplatten ausgelegt. Nichts erinnert heute mehr an den großen Reformator.

Friedrich Wilhelm Buttel: Innenansicht der St.Marienkirche zu Neubrandenburg von Westen, Tuschezeichnung um 1835.
Vor dem Hochaltar fand Erasmus Alberus seine letzte Ruhestätte. Sächsische Fotothek, Dresden.

Erasmus Alberus wurde von Lucas Cranach d. J. porträtiert.

Erasmus Alberus, der fast vergessene Streiter für die Sache des Protestantismus, hat das Schattendasein in der Geschichtsschreibung nicht verdient. Martin Luther konnte nicht ohne ihn, aber er konnte nach Luthers Tod das Erreichte würdig, ohne Kompromisse weiter vertreten. Trotz tiefgehender Forschungsarbeit der Biographen Braune, von Carolsfeld und Körner ist es im ausgehenden 19. und frühen 20. Jahrhundert nicht gelungen, Erasmus Alberus den Platz in seinem Zeitalter einzuräumen, der ihm eigentlich gebührt. Die Lutherbiographen der Nachkriegszeit, beginnend mit der Arbeit des niedersächsischen Landesbischofs D. Dr. Hanns Lilje (1964), würdigen ihn mit keiner Silbe. Der unbeugsame Kampf des Alberus gegen das Interim läßt ihn bis heute in der Beurteilung vielfach als orthodoxen Lutheraner erscheinen. Diese Einschätzung ist natürlich falsch. Alberus gehört ins 16. Jahrhundert und damit in die Zeit Luthers mit allem Für und Wider. Die Wittenberger Professoren hingegen, allen voran Philipp Melanchthon und Johannes Bugenhagen, erfuhren im Laufe der Jahrhunderte eine Art Glorifizierung, obwohl ihr Verhalten in der Interimszeit alles andere als rühmlich war.

Gemessen wurde und wird ihre Bedeutung nicht zuletzt auch durch die bildhaften Darstellungen in den Gemälden Lucas Cranachs d. Ä. wie auch des jüngeren Cranach und ihrer Wittenberger Werkstatt.

Cranach war Ende 1504 nach Wittenberg gekommen, wohin ihn der Kurfürst Friedrich der Weise als Hofmaler berufen hatte. Fast ein Jahrhundert lang sollte Wittenberg für die deutsche Kunst das impulsgebende Zentrum bleiben. Mit dem Bekenntnis zu Luther, 1520 hatte er Luthers Porträt als Kupferstich gefertigt, begann eine tiefe Sympathie zu ihm, zur evangelischen Sache und zu den führenden Männern der ersten Stunde um Luther. Cranach, auch ein Meister der Kunstrichtung des Holzschnittes, wurde bald für Luther unentbehrlich. Seine Fähigkeit umfaßte das Spektrum vom Bildnis und biblischen Bild bis hin zur Flugschriftenillustration.

Auch Erasmus Alberus ließ in der Cranach-Werkstatt arbeiten. Lucas Cranach d. Ä. schuf für ihn im Todesjahr Luthers, 1546, die Titelbordüre zu der Schrift: "Eine Predigt vom Ehestand", die im selben Jahr bei Peter Seitz in Wittenberg im Druck erschien. Zwischen beiden muß eine Freundschaft bestanden haben, da Alberus in dem Holzschnitt zur 13. Fabel "Von einem Wolff, und einem gemalten Haupt", seiner 1550 im Druck erschienenen vermehrten Ausgabe der Fabeln, Cranachs Wappenzeichen, eine geflügelte Schlange und sein Konterfei, von einem unbekannten Künstler schneiden ließ. Lange Zeit war man deshalb der Meinung, Lucas Cranach selbst könnte der Künstler der Illustrationen zu Albers 49 Fabeln gewesen sein.

Holzschnitt zur 13. Fabel der Frankfurter Braubachschen Ausgabe von 1550.
Niedersächsische Staats- und Universitätsbibliothek Göttingen

Die Frage, ob Lucas Cranach - in unserem Fall der Jüngere - Erasmus Alberus gemalt hat oder nicht, muß seit dem 6. Februar 1967 bejaht werden.

Persönliche Briefwechsel und eine Fahrt in die DDR

Mit meinem Schreiben vom 13. Dezember 1966 an den Landesbischof von Niedersachsen, D. Dr. Hanns Lilje, wurde mir am 12. Januar 1967 durch den Kanzleisekretär Klotzke mitgeteilt, daß Landesbischof Lilje vermutet, daß Erasmus Alberus einer der beiden Halbverdeckten auf der linken Bildhälfte der Reformatorengruppe des Meienburgschen Epitaphs in der Blasiikirche von Nordhausen sein könnte, dessen fotografische Reproduktion ich in Postkartengröße dem Brief beigelegt hatte. Er verwies mich in demselben Schreiben an den Direktor der Lutherhalle in Wittenberg, Prof. D. Dr. Oskar Thulin. (Anm.: Thulin gilt in Fachkreisen als herausragender Cranach-Kenner. Er veröffentlichte 1955 das Buch: Cranach-Altäre der Reformation, 1964 in der fünften Auflage: Die Lutherstadt Wittenberg u.v.m.). Thulin teilte mir am 18. Januar 1967 mit, daß sich in der Lutherhalle leider auch kein Bildnis von Erasmus Alberus befindet. Auch literarische Nachforschungen das Bildnis betreffend blieben bei Schottenloher, Singers Bildniskatalog und Schreckenbach-Neubert erfolglos. Thulin selbst äußert in seinem Buch "Cranach-Altäre", Seite 81, keine Vermutungen zu den beiden Halbverdeckten in der Reformatorengruppe des Meienburgschen Epitaphs. Am 2. Februar 1967 reiste ich (Burkhard Steinhauer) unter schwierigen Bedingungen in die damalige DDR ein. Die Reise war bereits für Anfang Januar geplant, verzögerte sich aber. Stationen waren: Nordhausen (Blasiikirche), Dessau (Schloßkirche) und Lutherstadt Wittenberg. Am 6. Februar mittags traf ich mit Prof. D. Dr. Oskar Thulin in Wittenberg zusammen. Thulin sprach zunächst allgemein über Lucas Cranach d. Ä. und d. J. und über des Älteren Bedeutung und Nachwirken für die Stadt. Er berichtete sehr ausführlich über die Berliner Cranach-Ausstellung 1937 und über seinen ganz besonderen Bezug zum Meienburgschen Epitaph. Er habe noch Jahre nach der Cranach-Ausstellung unzählige Detailaufnahmen in Nordhausen gemacht und sei heute glücklich, dieses geleistet zu haben, da nach seinen Aufnahmen der Maler Robert Häusler die Bildgruppe des Epitaphs nach ihrer kriegsbedingten Zerstörung in der Cranach-Technik so getreu habe kopieren können. Die vor dem Krieg gemachten farbigen Kopien der Reformatorengruppe hätten qualitativ ausgereicht, den fast originalen Eindruck wieder zu erreichen. (Anm.: Ähnliches Hintergrundwissen ist nachzulesen in: Thulin, Cranach-Altäre der Reformation, Seite 75).

Lukas Cranach d.J. Bildausschnitt aus dem Meienburgschen Epitaph in der St.Blasiikirche in Nordhausen. Im Bildvordergrund Martin Luther, dahinter Erasmus Alberus, Georg Spalatin mit Barett (links) und Johannes Bugenhagen (rechts). Foto Burkhard Steinhauer

Thulin erinnerte sich im Verlauf des Gesprächs an die unglückliche Plazierung des Gemäldes in der Berliner Ausstellung. Es wäre angeblich nicht möglich gewesen, das von Cranach d. J. geschaffene Bild im Format von 2,00 x 2,33 m im gebührlichen Abstand betrachten zu können, wie es für Monumentalgemälde nun einmal nötig sei. Ihm sei zufällig aufgefallen, daß am oberen Rand der Rückseite eine mehrfach verleimte Holzleiste ausnehmend viele handgeschmiedete Nagelköpfe gezeigt habe. Zwischen den Nagelköpfen hatte er in roter Tusche geschriebene Initialen erkannt, die teilweise so verwischt gewesen sein sollen, daß er diesen keine weitere Bedeutung zukommen ließ. Im Bereich des Lutherporträts und des dahinter gemalten Unbekannten habe er auf der bereits angesprochenen Querleiste dicht untereinander deutlich leserlich die Initialen $\overset{E.}{M.}\overset{A.}{L.}\overset{D.}{.}$ erkannt. Bei der Beantwortung meines Briefes vom Januar 1967 habe er erstmalig wieder darüber nachgedacht, daß es sich vielleicht doch bei dem Unbekannten direkt hinter Martin Luther M.L. um Erasmus Alberus Doktor handeln könnte, gedanklich bezugnehmend auf das Kürzel E. A. D.

Ob es weitere Beispiele dieser Art von Hinweisen auf porträtierte Personen in Gruppendarstellungen gibt, ob dies ein Einzelfall geblieben ist, diese Zeichen Lucas Cranach d.J. selbst zuzuschreiben sind oder ob eine in späteren Zeitläufen lebende Person hier Hand angelegt hat, kann heute nicht beantwortet werden. Daß ich heute mit Bestimmtheit sagen kann, daß es sich um Erasmus Alberus handelt, ist ein glücklicher Zufall, der dem Melanchthon-Schüler und engagierten Vertreter der lutherischen Rechtsgläubigkeit, Generalsuperintendent Professor D. Nikolaus Selnecker, zu verdanken ist. Dieser veranlaßte 1591, ein Jahr vor seinem Tod, eine Neuauflage der letzten zu Albers Lebzeiten gedruckten Schrift "Bericht von der Kinder Taufe". Alberus hatte sie in seiner Lübecker Zeit 1552 verfaßt, erschienen war sie um 1553 in Neubrandenburg . Diese unterscheidet sich von der verlorengegangenen Erstausgabe durch eine Vorrede und einen weiteren Bericht des Nikolaus Selnecker.

Das Titelblatt der Zweitauflage zeigt auf einem Holzschnitt Erasmus Alberus bei der Taufe. Nichts spricht dagegen, daß auch das Titelblatt der heute nicht mehr zugänglichen Erstausgabe einen Holzschnitt des Taufvorganges mit Alberus gezeigt hat. Verblüffend ist der Vergleich dieses Holzschnittes mit dem Porträt der Person in der Reformatorengruppe von Lucas Cranach d. J. hinter Martin Luther. Die Gesichtszüge, die volle Haarpracht, die Einschlagrolle im Bereich der Haarspitzen, die in späteren Modeepochen als Nackenrolle bezeichnet wurde, lassen heute keinen anderen Schluß mehr zu, daß es sich in beiden Fällen um Erasmus Alberus handelt.

Christlicher/nützlicher/vnd nohtwendiger Tractat/vnd Bericht

Von der Kinder Tauff/wi=
der den Jrrthumb vnd falsche Lehre der Schwermer/
die fürgeben/ Kinder von gleubigen Eltern geboren sein hei=
lig auch vor vnd ohn die Tauff:

Item/
Vom Trost der Eltern/ denen jhre Kindlein vor der Tauff ab=
sterben/vnd wie sie durch das Gebet/ dem HERRN Chri=
sto fürgetragen vnd vertrawet werden.
Zu Lübeck geschrieben durch D: Erasmum Alberum Wey=
land Superintendenten zu Newen Brandenburgk in Me=
chelnburgk/ vnd allda Gedruckt.

Item/
Von des Ananiæ Worten zu S. Paulo Acto. 22.
Nu was verzeugstu? Stehe auff vnd las dich teuffen vnd abwaschen
deine Sünde/vnd ruffe an den Namen des HERRN:
Jetzt auffs newe in Druck vorfertiget/ sampt einer Vorrede
vnd Bericht D: Nicolai Selnecceri vom Exorcismo bey
der heiligen Tauff/ etc.

1 5 9 1

NOTOPYRGI AD MENIVM.
Cum Gratia & Priuilegio, &c.

Generalsuperintendent Professor Nikolaus Selnecker veranlaßte 1591 eine Neuauflage des Berichts "Von der Kinder Taufe", dessen Titelholzschnitt Erasmus Alberus bei der Taufe zeigt. Niedersächsische Staats- und Universitätsbibliothek Göttingen.

Anhang
- ausgewählte Beispiele von Alberus-Schriften -

Antiquitates Wetter.

ERASMI ALBERI
Kurtze
Beschreibung der Wetterau.

Die Wetterau ist neun Meil Wegs lang und breit/ reicht in die Länge von Gelnhausen bis an Cassel diesseit Mayntz am Rein gelegen; In die Breit aber von Giessen bis gen Seligenstatt. Es ist aber die Wetterau von GOTT reichlich gesegnet/ denn da wächst gut Weitzen/ schöne Rocken/ Gersten/ Habern/ Erbeyßen/ Flachs und guter Wein/ und des mehr dann sie bedürffen/ können auch die Nachbarn/ so in ihrem Lande nicht Getreyds gnug haben/ mit Getreyd reichlich versehen. Man brauet auch ziemlich gut Bier in der Wetterau/ als zu Nidda/ Butschbach/ Laubach/ Hohweissel/ Giessen/ Grunberg/ Franckfurth ꝛc. Es ist ein gesunde Lufft im Lande/ auch gute/ beyde Süsse- und Sauerbrunnen. Grün Fleisch guts Kauffs ist gnug im Lande/ desgleichen gute Fische. Dann in der Wetterau sind sechs namhafftiger Wasser/ der Mayn/ die Lahn/ die Kintz/ die Nidder/ die Nidda/ (fleust durch die Stadt Nidda hin) und Wetter/ daher das Land den Namen hat/ darzu viel ander kleiner Wasser/ so aus den Bergen springen/ darinnen Forellen/ Kretzen/ Koben/ Krebs/ Grundeln und Irlitzen sind. Da ist gute gesunde Weyde für das Viehe. Da sind sehr viel Gense/ Endten/ Hüner/ Tauben ꝛc. Es sind im Lande viel schöner Garten/ darinnen köstlich und mancher Art Obst wächst/ als Epffel/ Byrn/ Quidsam/ Pfersinge/ Spillinge/ Pflaumen/ Kirschen/ Welschnüsse/ Haselnüsse. Im Lande wachsen Hinbeern/ Erdbeern/ Heydelbeern/ Maulbeern/ Wacholderbeern ꝛc. An etlichen Orten wachsen auch Castaneen und Mandeln. Zu Wißbaden sind warme Wasser/ die fernher aus den feurigen/ schwefelichten Bergen kommen/ und zu Wißbaden herfürbrechen/ darinnen die Leute baden/ und viel Krancken gesund werden. Zwo Städte sind in der Wetterau/ da man Saltz seudt nemlich Urba und Nauheym/ sind beyde Hanauisch. In dem Lande sind vier Reich=Städte/ Franckfurth/ Friedberg/ Wetzlar/ Gelnhaußen. Item vier Graffen/ einer gegen Morgen/

Q q   als

als der von Eisenberg. Der andere gegen Abend/ nemlich Königstein. Der dritte/ das ist/ Hanau gegen Mittag. Und Solms gegen Mitternacht. Die Graffen von Eisenberg haben diese Städte/ Büdingen/ Wenix/ Westerbach/ Offenbach/ Kleburg/ und in allen sind Schlösser/ haben darzu noch zwey schöner Schlösser/ die Ráinburg und Byrsteyn. Zu Petterweil haben sie auch ein klein Schloß/ desgleichen zu Spilberg. Bey Büdingen wächst viel Weins. Hart an der Wetterau jhensyt des Meyns gegen Hanau und Franckfurth über/ ligt ein feines Ländlin/ mit Namen/ die Drei-Eyche/ das ist drey Meill lang und breyt/ mit einem schönen Walt umfangen/ das gehört auch den Herrn von Eisenberg/ on das der Graffe von Hanau das sechste Theil am Hayn hat/ welchs ein Stedlin und Schloß ist. Das Ländlin ist mit gutem Holtz reichlich gesegnet/ es wechst auch darinnen gut Wein und Korn/ und desselben so viel als die Inwohner bedürffen. Ein fein Dorff ligt drinnen/ mit Namen Dietzenbach/ das ist allein Hanauisch/ da wechst viel Weins. Die andern Dörffer sind alle Eisenbergisch/ unter welchen/ Langen/ das fürnemst ist/ Korn und Weinreich. Es sind auch gute Brunnen in demselben Ländlin/ welchs ich erstlich zu der Erkendtnis des Evangelii bracht habe/ dann ich war vor XI. Jare Pastor zu Sprendenlingen bey dem Hirtzsprung und zu Goetzenhain/ welches ich Gotteshain nenne/ weill es von dem unützen Götzen zu dem rechten GOtt bekert ist. Mit der Dreieyche grentzet ein Stadt die ist Hanauisch/ mit dem Namen Babenhausen/ die erkant mich auch für iren Geystlichen Vatter. Und sind beyde in der Dreieyche und Babenhausen frumme Leute. Der Graff zu Königsteyn hatt diese Stedte. Königsteyn/ Hoffheym/ Born/ Ursell/ Rockenberg. Zu Königstein steht ein fein/ hoch Bergschloß. Zu Hoffheym ist ein klene Burg. In dem Lande wechst viel Weins. Ein Nawenhainer kan man finden/ der darff ein Reinschen überwinden. Der Grave zu Hanau hat diße Städte. Hanau/ Winnecken/ Bergen/ Hohstad/ Urba/ Nauheym/ Steynau/ Schlüchter. Dieße zwo letzten ligen ausser der Wetterau. Hanau ist eine vheste Stadt und hat ein schönes Schloß. Winnecken hat ein fein Schloß/ lustig anzusehen. Zu Steynau ist auch ein schönes Schloß. Viel guts Weins wechst im Hanauischen Lande. Die Graven von Solms haben diße Stedte. Liech/ Langsdorff/ Laubach/ Hungen/ Grüningen/ und die Schlösser/ Solms/ Braunfels/ Greiffensteyn/ und Rüdelheym. Zu Liech ist ein Schloß/ desgleichen zu Hungen.

Reichels-

Reichelsheym und die Schlösser Bingenheym/ Gleickerg/ Neüen-Weilnau und die Stadt Usingen/ hören dem Graffen von Naſſau zu/ der Weilnburg in hat. Das Schloß Altenweillnau iſt Landgreviſch und Trieriſch. Butſchbach iſt eine feine luſtige Stadt und hat vier Herrn/ den Landgraffen/ beyde Herrn von Solms und den von Königſteyn/ und yeder hat ſechs tauſend Gülden daſelbſt Inkummens. Das Stedlin Weerheym iſt Landgreviſch/ Trieriſch und Königſteyniſch. Grünberg und Gieſſen ſind des Landgraffen/ und zu Gieſſen iſt ein Schloß. Zu Nidda iſt auch ein Schloß/ daſelbſt ſchreibet ſich der Landgraffe ein Graffen/ iſt halb Wetterauiſch. Die Stadt und Schloß Hohmberg an der Höhe/ ſamt dem Schloſſe Liesberg ſind des Landgraffen/ da wechſt auch Wein. Ortenberg ein Stadt und Schloß iſt Hanauiſch und Königſteyniſch/ da wechſt auch guter Wein. In der Stadt Müntzenberg ſteht ein hohes Schloß luſtig anzuſehen/ ſind Solmiſch/ Hanauiſch und Königſteyniſch.

Rosbach ein Stedlin/ iſt Landgreffiſch und Trieriſch/ da wechſt auch Wein. Cronberg iſt ein ſchön Bergſchloß und ein feines Stedlin daran/ iſt der Edelleute/ da wechſt viel guts Weins. Epſtein ein Stadt und Schloß iſt Landgreviſch und Königſteyniſch. Wisbaden ein Stadt und Schloß iſt des Graven von Naſſau/ der Itſteyn in hat. Caſtell iſt Meinziſch. Das Schloß Höchſt und ein Stedlin dran/ iſt Meinziſch/ daſelbſt allenthalben herumb wechſt guter Wein. Seligenſtadt iſt auch Meinziſch/ da wechſt guter Wein/ und viel beſſer Wein wechſt bey Hirſten/ eine halbe Meille davon. Gegen Hanau über ihenſeyt des Meyns ligt ein Stedlin und Schloß/ mit Namen/ Steynheym/ iſt Meynziſch/ da wechſt auch Wein. Bomees und ein Schloß darinnen ſampt den Schlöſſern Goldſteyn und Erlenbach/ ſind Franckfurtiſch. Gegen Franckfürt über ligt eine Stadt Sachſenhauſen/ und fleüſt der Meyn dazwiſchen. Staden und Lintheym ſind der Edelleute. Die Graven von Eiſenberg haben auch Teyl daran. Zu Staden ſind ſechzig Burger. Zu Lindheym funfftzig. Zu Aſſenheym hundert. Die andern Stedte haben zwentzig und hundert/ anderthalb hundert/ zweyhundert/ drey vier oder fünffhundert. Zu Franckfurt ſind etliche tauſend Bürger. Bey Staden und den Dörffern/ Florſtadt/ Morſtadt/ Ranſtat/ Dauernheyn ꝛc. wechſt guter Wein. Aſſenheym iſt drier Herrn/ Hanau/ Solms/ Eiſenberg/ daſelbſt wechſt auch gut Wein/ und das Volck iſt gottfürchtig. Die Schlöſſer Vetzburg/ Stauffenberg/ Reiffenberg/ Hattſteyn/ Falckenſteyn/ Ogſtat/ Lauſtadt/ Rückingen/ ſind der Edelleuten.

Bey Laustadt wechst guter Wein/ und ligt ein hoher Berg dabey heyst der Glauberg/ darauff stund vor Zeiten ein Stadt und Schloß/ welches sampt andern Raubschlössern/ als Lindheym/ Bommersheym/ Holzhausen/ Höchst/ Rhurbach und noch siebentzig Raubschlössern in Türingen/ durch Keyser Rudolff zerstöret sind. Hart unter Gelnhausen steht ein Burg ist der Edelleuten/ so man die Ghan-Erben heyst. Deßgleichen haben die Ghan-Erben ein Schloß zu Friedberg wie ein kleyne Stadt. Obendig Gelnhausen ligt ein schöner hoher/ grosser Weinberg/ da wechst viel und guter Wein. Oben an Fridberg uff einem hohen Berge/ der St. Johannes Berg heist/ wechst viel und guter Wein. Summa der Stedte 53. der Schlösser 57. on der Edelleute Häuser/ die man nicht Schlösser nennet. Es sind aber in der Wetterau etlich hundert vom Adel/ und über fünffhundert Dörffer. Dazu sind da noch mehr dann 50. Klöster und Stifft untereinander/ nemlich Arnesburg/ Hertzenhain/ Naumberg/ St. Wolffgang/ Selbet/ Ilbenstadt/ und ein Nonnen-Kloster dabey. Engeltal/ Mergenborn/ Himmelau/ Merlitz/ Conradsdorff/ Rockenburg/ Reters/ Thron/ sind Nonnen-Klöster. Zu Franckfurt sin drey Stifft/ fünff Klöster/ ein Teutsch-Hauß und ein Münchhöffe. Zu Gelnhausen zwey Klöster. Zu Friedberg zwey Klöster/ ein Beghynen-Haus/ und im Schloße ein Bethauen. Zu Florstadt ein Beghynen-Haus/ zu Morstadt/ Liech und Hanau sind Stiffte. Zu Wetzflar ein Stifft und Kloster/ zu Butschbach ein Kugel-Haus. Zu Königsteyn ein Kugel-Haus. Zu Grunberg ein Thönges-Haus wie ein Fürstlich Schloß. Zu Höhest ein Thönges-Haus. Zu Rostorff ein Thönges-Hoff. Zu Nauenhain ein Thönges-Hoff. Zu Ortenburg ein Münchhöfe. Zu Bergen ein Münchhoff. Zu Wirstadt ein Münch-Hoff/ der ist wohl sechtzig tausend Gülden werdt. Zu Nidda ein Johannes-Haus/ zu Rödigckheym ein Johannes-Haus. Zu Hohweissel und Klopheym der Teutschen Herrn Hoff. Zu Seligenstadt ein reich Kloster. Der Abt von Fulda hat auch viel an der Wetterau/ des Ort/ der da heist die Fuldische Marck. Es haben aber gedachte Fürsten/ Graven und Herrn/ auch anderswo Land/ sunst kupten sie sich nit alle allein von der Wetterau erhalten.

Die

Wetteraviæ.

Die Wetterau ist gegen Mitternacht beschlossen mit einem hohen Berg und Walt / der reycht aus dem Hessen-Land bis ans Ringau / und ligen an demselben uff der Riges Giessen/ Butschbach/ Nauheym/ Friedberg/ Ogstadt/ Roßbach/ Hohenberg/ Ursell/ Cronberg/ Falckensteyn/ Königsteyn/ Epsteyn/ Hoffheym/ Wisbaden/ ꝛc. Jhenseit des Bergs aber ligen Kleburg/ Usingen/ Weerheym/ Hattsteyn/ Reiffenberg/ Alte-Weilnau/ Neue-Weilnau/ Itsteyn ꝛc. Und so bald man über den Berg kümpt / siehet man noch daselbst ein Warzeychen eines Graben / der vor Zeiten das Land von einander geschieden hat ; Der wird Pfal-Grab genent. Gegen Morgen hat die Wetterau ein groß Geberge und Walt/ heyst der Vogelsberg. Gegen Mittage hat sie den Speshart und Dreieyche. Diße Walde ligen in der Ebene / und fleust der Meyne dazwischen hin. Gegen Abend hat die Wetterau den Rein. Diß habe ich geschrieben/ der Wetterau meinem Vatterlande zu Ehren/ daß die Inwohner GOTT dancken und loben um das schöne gute Land/ das er ihnen gegeben hat

A M E N.

Faksimile der "Kur(t)zen Beschreibung der Wetterau von Erasmus Alberus, die Johann Adam Bernhard in seiner geschichtlichen Abhandlung "Alterthümer der Wetterau" von dem Hanauer Buchdrucker Joh. Con. Max. Ziegler 1731 neu verlegen ließ, anlehnend an die 1552er Ausgabe der Druckerei Lewe in Hamburg. - Sammlung Burkhard Steinhauer

Titelblatt der ältesten noch zugänglichen Schrift Albers (vgl. Bibliographie Nr. 2)
Das 14 Blätter umfassende Büchlein erfuhr 1886 einen Neudruck durch Wilhelm Braune. 1523 wurde es fast zeitgleich in Erfurt, Zwickau, Augsburg und Straßburg gedruckt. Der junge Oberurseler Schulmeister Erasmus Alberus, der gerade ein Jahr zuvor vom Rat der Stadt beauftragt worden war, eine Lateinschule zu gründen, entdeckte damals sein schriftstellerisches Talent und knüpfte viele Kontakte zu Persönlichkeiten in der nächsten Umgebung und in Frankfurt am Main.
Niedersächsische Stats- und Universitätsbibliothek Göttingen

Titelblatt der 1524 und 1525 nochmals gedruckten Schrift "Iudicium Erasmi Alberi de Spongia Erasmi Roterodami". (vgl. Bibliogr. Nr.4) Alberus verfolgte von Oberursel aus mit großer Aufmerksamkeit den Streit zwischen Ulrich von Hutten und Erasmus von Rotterdam. Dieser hatte gerade die Spongia herausgebracht, die Antwort auf Huttens Expostulatio. Erasmus von Rotterdam äußert sich darin sehr verachtend über Martin Luther und erklärt dessen Sache für "vollständig verloren". Alberus urteilte in einem Brief an Theodorichus Satorius, einem Frankfurter Mitstreiter in der Verbreitung des Lutherischen Gedankenguts, der später 1525 in seiner Heimatstadt Oberursel Zuflucht suchte: Erasmus von Rotterdam vermag durch die Konstruktion seiner Philosophie den wahren Sinn des Luthertums nicht zu sehen. Er kann auch nicht das wahre Antlitz des Papsttums erkennen und damit unterstützt er die konfessionelle und ökonomische Dominanz der katholischen Kirche. Nichts aber ist gefährlicher für die Entwicklung der persönlichen Freiheit als eben diese Dominanz, die Dominanz des sittenlosen katholischen Priesterstandes und selbst Roms, die so weit von den Worten Gottes abgewichen ist. Solch eine schändliche Knechtschaft und Blindheit hafte "seinem Luther" nicht an. Er besäße "in seinem kleinen Finger" mehr gesunde evangelische Lehre als Erasmus im Kopf und im Herzen, und dennoch sträube er sich, sich zu Luther zu bekennen. "Wohlan, ist der römische Papst und sein Troß nicht ein Antichrist, so mögen sie endlich die Ehe frei geben, das heilige Abendmal unter beiderlei Gestalten herstellen, dem Meßschacher ein Ende bereiten, die sinn- und gottlosen Bräuche abschaffen, auch die sonstigen Geschäftchen, die sie mit Heiligen treiben, aufgeben".

Theodorichus Satorius setzte mit der Weitergabe dieses persönlichen Briefes von Erasmus Alberus eine Welle der Empörung im gegnerischen Lager in Gang, die durch Philipp Stumpff mit der Drucklegung - ohne Einverständnis des Verfassers - ausgelöst wurde. Erasmus von Rotterdam, "der Fürst der Humanisten", titulierte daraufhin Alberus verächtlich "von Gott gelehrt in Luthers Schule", wodurch sich Alberus geehrt fühlte. In einem Brief von Erasmus von Rotterdam an Philipp Melanchthon vom 10. Dezember 1524 bezieht er sich nochmals auf diese Schrift und bezeichnet Erasmus Alberus abfällig den "Kleinkinderlehrer im Städtchen Schmach".

Niedersächsische Staats- und Universitätsbibliothek Göttingen

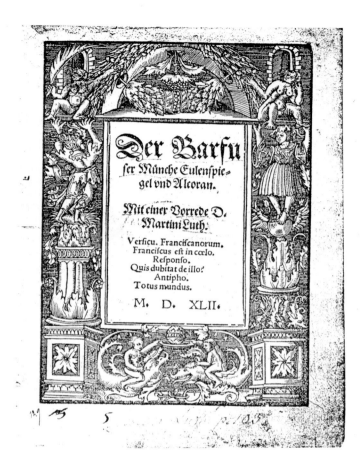

Titelblatt zu einem Bestseller des 16. Jahrhunderts (vgl. Bibliogr. Nr. 17), der in drei Sprachen übersetzt wurde und in den Index der päpstlichen Runtius Casa, den Index der verbotenen Bücher, aufgenommen wurde.
Die Schrift "Der Barfuser Münche Eulenspiegel und Alcoran" brachte Alberus während seines Aufenthalts in Wittenberg 1542 zu Druck. Luther selbst schrieb die Vorrede. Das Manuskript dazu entstand während seiner Brandenburger Zeit, als er bei einer Visitation des dortigen Barfüßerklosters mit den Büchern der alten Klosterbibliothek in Berührung kam, in der er zwar keine Bibel, wohl aber Bücher voll "mönchischen Aberglaubens" vorfand. Zitat: "Wir funden auch Bücher in irem Refektorio darin solch erschreckliche Gotteslesterung stehen, dergleichen keiner nie zuvor gehöret".
Niedersächsische Staats- und Universitätsbibliothek Göttingen

Titelblatt der 32 seitigen Schrift "Eine Predigt vom Ehestand", gedruckt bei Peter Seitz in Wittenberg, 1546 (vgl. Bibliogr. Nr.21).
Diese Schrift ist der Frau des Wittenberger Buchhändlers Moritz Goltz gewidmet und ist eines der bedeutendsten Werke des Verfassers. Alberus verteidigt mit kräftigen Worten die Lutherische Lehre vom Ehestand. Die von ihm so empfundene Versündigung des Papsttums gegen die Würde des weiblichen Geschlechts zählt er an Beispielen auf und schildert die den Frauen zuteil werdenden Ehren, von denen die biblische Geschichte erzählt. Die Titelbordüre zu dieser Schrift schuf Lucas Cranach der Ältere.
Sammlung Burkhard Steinhauer

Titelblatt der Schrift "Der Holdseligen Blumen der Treifeltigkeyt bedeutung/ nützlich zulesen/ Gott dem Herrn zuehren." von 1550 (vgl. Bibliogr. Nr.35).

Diese Schrift ist der Gräfin Anna von Hohenstein gewidmet, die während der belagerten und in die Reichsacht erklärten Stadt Magdeburg ihrem Mann, dem Grafen Albrecht von Mansfeld tapfer zur Seite stand und bei einem Angriff verwundet wurde. Albers Freude an den großen und kleinen Wunderwerken der Schöpfung erleben wir in diesem Buche in ganz besonderer Weise, nämlich in seiner Betrachtung des Stiefmütterchens: Er habe diese liebe Blume, die man mit Recht die Dreifaltigkeit nenne, oft mit Liebe und Lust und Verwunderung angesehen und über ihre Bedeutung nachgedacht, bis er sie gefunden habe. Er entdeckte, daß die drei aneinanderstehenden, aber einen Körper bildenden Blätter der Blume Gott dem Vater, Gott dem Sohn und Gott dem Heiligen Geist entsprechen; die Gold- oder Sonnenfarbe mitten zwischen den drei Blättern bedeute die den drei Personen gemeinsame Göttlichkeit, die zwei unmittelbar unter den drei Blättern hängenden Nebenblättchen die beiden Gemeinden Gottes, nämlich die der Engel und die der Menschen.

Niedersächsische Staats- und Universitätsbibliothek Göttingen.

Widder das Lesterbuch des hochfliehenden Osiandri/ darinnen er das Gerechte Blut vnsers Herrn Jesu Christi verwirfft/ als vntüchtig zu vnser Gerechtigkeit. etc.

An den Hertzogen in preussen geschriebē/
Durch Erasmum Alberum D.

Gala: 5.
Wer euch irre macht/ Der wirt sein vrteyl tragen/ er sei wer er wolle.

1.Timo: 6.
So iemand anders leret/ vnd bleibt nicht bei den heylsamen worten vnsers Herrn Jesu Christi/Vnd bei der lere van der Gotseligkeyt/ der ist in seinen gedancken ersoffen/ vnd weys nichts/ ist seuchtig in fragen vnd worttriegen etc.

In Albers Verständnis galt die Lutherische Lehre als unfehlbare Richtschnur zur Vermeidung jedes Irrtums in Glaubensfragen.
Sein Werk "Widder das Lesterbuch des hochfliehenden Osiandri/ darinnen er das Gerechte Blut unsers Herrn Jesu Christi verwirfft/ als ontüchtig zu unser Gerechtigkeit, etc." (vgl. Bibliogr. Nr.37) war ein Angriff auf die neue Rechtfertigungslehre Osianders. Alberus bezeichnet dessen Denkweise als "eine arianische und gotteslästerische, wodurch die menschliche Natur in Christo samt seinem Leiden und Sterben verkleinert, verachtet und verworfen, Gottes Ratschluß für Narrheit gehalten werde". Er mißbilligt dessen Lehre aufs äußerste und sieht sein Vorgehen neben dem Interim als weiteren Versuch, den der Satan jetzt unternehme, um das noch "übrige kleine Häuflein, so des Herren Jesu Stimme höre", für sich zu gewinnen.
Niedersächsische Staats- und Universitätsbibliothek Göttingen

Titelblatt der Schrift "Vom Wintervogel Halycon", die Alberus 1552 in Hamburg verfaßt hat (vgl. Bibliogr. Nr. 40).
Erasmus Alberus geht in diesem Buch von der Anschauung aus, daß Gott nicht nur seine Gedanken und Liebe von Menschenhand in die Bücher geschrieben sehen möchte. Die Schöpfung sei das Wunderwerk Gottes. Der Vogel Halycon sei ein Abbild der christlich-lutherischen Kirche. Wie er am Ufer des Meeres in einer feindlichen Welt sein Nest baue und dadurch über des Meeres Ungestüm triumphiere, sei er ebenso über die Angriffe von seiten der Welt siegreich. Alberus gibt der Schrift eine Zusammenstellung von 70 Gegnern Luthers bei, die er als unnütze Fledermäuse, Nachtraben, Schmeißfliegen und giftige Würmer bezeichnet.
Niedersächsische Staats- und Universitätsbibliothek Göttingen

E,P.ITAPHIVM

Das ist/ein Grabschrifft/ Jungffer
Magdalen / Doctoris Martini
Luthers Dochter / welche er / D.
Martinus selbst/seiner Doch-
ter gemacht hat/ Durch
ERASMVM ALBERVM,
seinen lieben Discipul
verteutscht.

Psal: 90.
Herre lere vns bedencken/das wir sterben müssen/
vff das wir klug werden.

Gedruckt zu Hamburg / Dorch Jochim Lew.
M. D. LII.

Titelblatt (1552) der von Alberus übersetzten Trauerbekundung Luthers für seine 1542 verstorbene 13- jährige Tochter Magdalena (vgl. Bibliogr. Nr. 42).
Alberus gilt als der Verfasser des zweiten Distichons dieser Schrift, da er die Trauer im Hause Luther miterlebt hatte. Der Titel ist handschriftlich von Alberus ergänzt, dem "ersamen Joachim Holzhusen Ratmann seinem guten Freund" gewidmet. Dieser wurde 1542 in Hamburg zum Ratsherren gewählt und starb 1580.
Niedersächsische Staats- und Universitätsbibliothek Göttingen

Widder die verfluchte

lere der Carlstader / vnd alle fürnem=
ste Heubter der Sacramentirer / Rot=
tengeyster / widderteuffer / Sacramentlesterer / Ehe=
schender / Musica verechter / Bildstürmer / feiertagfein=
de / vnd verwüster aller güten ordnung.

Erasmus Alberus, Doctor.
vnd Superintendens zu Newenbran=
denburg im land zu Mecklenburg.

Psal: 139
Ich hasse ja HERR / die dich hassen / vnd ver
dreust mich vff sie das sie sich wider dich
setzen / ich hasse sie inn rechtem ernst / dar
umb sind sie mir feind.

1553.

Getrucket zu Newenbrandenburg
bei Anthonio vnd Walthero Brenner ge=
brüdern / im jar 1556.

Alberus setzte in der Schrift "Widder die verfluchte lere der Carlstadter" (vgl. Bibliogr. Nr. 50) seine ganze Begabung, Kraft und Wissen ein, um Luthers Reformen in unveränderter Form zu bewahren. Nach Luthers Tod waren viele neue Konfessionen entstanden. Für Alberus selbst muß dieses Buch das weitaus wichtigste unter seinen Werken gewesen sein. Alberus kämpfte wortgewaltig mit der Feder für das reine Luthertum. Seine im evangelischen Lager zu findenden Gegner waren wortkräftig genug, um auf ihre Art das Luthertum zu interpretieren. Sie versuchten auf eigene Faust mit der weltlichen Obrigkeit in Einklang zu kommen. Für die Gegner des Protestantismus war diese Uneinigkeit ein erfreulicher Zustand. Alberus erlebte die Veröffentlichung dieses Buches nicht mehr. Er starb 1553.
Niedersächsische Staats- und Universitätsbibliothek Göttingen

Anmerkungen

1. Als grundlegendes Werk gilt noch immer "Erasmus Alberus. Ein biographischer Beitrag zur Geschichte der Reformationszeit" von *Franz Schnorr von Carolsfeld*.
   Dresden, Verlag von L. Ehlermann, 1893
   Weiterführend: *Roman Polsakiewicz*, Erasmus Alber. Ein Publizist der Reformationszeit "Acta Universitatis Wratislaviensis Nr. 576, Germanica Wratislaviensia XLX, Wroclaw, 1981

2. Evangelisches Gesangbuch, Ausgabe für die ev. Kirche in Hessen und Nassau, Spener Vertragsbuchhandlung. Frankfurt, 1994, S. 957

3. Selbsteinschätzung Albers in der Widmung für Johannes Chun, abgedruckt in: Etliche Fabeln Esopi, 1534, siehe auch Bibliographie Titel Nr. 7

4. Bibliographie Titel Nr. 30

5. Bibliographie Titel Nr. 4, 15, 18, 24, 28, 30 und 50 sind Werke, die gewaltig diskutiert und von seinen Gegnern verflucht wurden.

6. *Roman Polsakiewicz*, Erasmus Alber, S. 74

7. *Otto Clemen*, Flugschriften aus den ersten Jahren der Reformation, Leipzig 1909

8. Bibliographie Titel Nr. 31, Alberus rechnet in dieser Schrift mit seinem Freund und Promotor Bugenhagen ab. Vgl. auch: *Schnorr von Carolsfeld*, Erasmus Alberus, Dresden 1893, S. 198 ff. und *Roman Polsakiewicz*, Erasmus Alber, S. 74

9. Es sind vermutlich 63. Die vielen Einzelblattdrucke seiner geistlichen Lieder sind unter dem Bibliographie-Titel-Nr. 58 zusammengefaßt.

10. Titel wurde 1975 im Verlag Georg Olms, Hildesheim und New York mit einem Vorwort von *Gilbert de Smet*, neu aufgelegt.

11. Die Seiten des Faksimile sind auch im Nachdruck ohne Seitenbezifferung. Auf S. 608 findet sich der Hinweis.

12. Auf S. 612 erwähnt er den einzigen wirklichen Wetterauer Ort, nämlich Staden.

13. *Gustav Freiherr Schenk zu Schweinsberg*, Die Herkunft Erasmus Albers, Zeitschrift für deutsches Altertum und deutsche Literatur, Band 43, 1899, S. 386 - 391. Trotz guter Beweisführung und einem gewissenhaften Studium der Akten, die ihm zur Verfügung standen, kommt Schenk zu Schweinsberg letztendlich zu dem Schluß, daß Erasmus Alber wohl in Staden geboren sein "mag"(S. 390). Schenk verweist auf Schnorr von Carolsfeld (S. 3), obwohl er Bruchenbrücken als tatsächlichen Geburtsort hätte erkennen müssen.
Wilhelm Braune, die Fabeln des Erasmus Alberus, Halle a. S. 1892, vermutet einen Ort in der Nähe von Windecken (heute Stadtteil von Nidderau) als möglichen Geburtsort, Einleitung S. V
Ernst-Wilhelm Kohls schließt sich in: Erasmus Alber, Theologische Realenzyklopädie, Band II, 1978, S. 169, Wilhelm Braunes Meinung an.
Wilfried Beck, Erasmus Alber - Martin Luthers Freund, Ein Bibelverteidiger aus der Wetterau, in: Wetterauer Geschichtsblätter, Band 33, 1984, sieht Erasmus Alberus nur "aus der Wetterau stammend", S. 67 ff.
Helmut Bode, Lob der Wetterau, W. Kramer Verlag, Frankfurt a. M., 1978, zweite Auflage 1983, S. 7 ff., beruft sich auf das Forschungsergebnis Schenk zu Schweinsbergs und gibt Bruchenbrücken als Geburtsort an.
Ebenso *Roman Polsakiewicz*. Erasmus Alber. Ein Publizist der Reformationszeit, Akte der Universität Warschau Nr. 576, 1981, S. 43.
Zur Klärung merke ich an:
Dietrich Alber, ein gebürtiger Friedberger, war gräflich Isenburg-Büdinger Priester in Bruchenbrücken (heute Stadtteil von Friedberg). (Burggerichtsprotokoll der Reichsburg Friedberg des Jahres 1528 im Hessischen Staatsarchiv Darmstadt, Abt. F 3, Burg Friedberg Nr. 63 a). Dietrich Alber wird zwar nur als "herr Dietherichen, pfarrherr zu Bruchenbrücken" bezeichnet, ist aber zweifellos die Person Dietrich Alber, da Familienmitglieder der Alber im Verlauf des Protokolls genannt werden. Das Ratsprotokoll der Reichsstadt Friedberg vom 22. Dezember 1524 (Stadtarchiv Friedberg, Abt. XV) hat ergänzend dazu folgenden Wortlaut "Uff heudt hat ein erbar Rath Andream Alber, des pharhers sone, zum schulmeyster anzunemen bewilliget, doch daß er wie andere geburlichen revers uber sich geben".
Vgl. *G. Windhaus*, Geschichte der Lateinschule zu Friedberg, Verlag Carl Bindernagel, Friedberg 1893, S. 4f.
Hiermit ist geklärt, daß "herr Dietherichen, pfarrherr" Dietrich Alber aus Bruchenbrücken ist und somit zwei Söhne hatte. Daß Erasmus ebenfalls ein Sohn Dietrichs war, geht auch aus der Vorrede zu seinem Buch "Ein gutes Büchlein von der Ehe" hervor. Siehe Bibliographie Titel Nr. 8. Erasmus Alberus schreibt: Bitte euch meinen lieben Vatter Her

Tilmann, ewern Pastor zu Engelrode, bevolhen lassen sein." Tilmann ist die Koseform für Dietrich. Siehe Reformationsbuch, *D. Dr. Wilhelm Diehl*, Friedberg 1917, S. 352. Dietrich Alber war nach 1528 erster lutherischer Pfarrer in Engelrod.
Alberus weist in der Erstausgabe seiner Fabeln, 1534, in der 13. Fabel "Von den Tauben und dem Habich" auf Bruchenbrücken hin. Siehe auch Bibliographie Titel Nr. 7.
Vermutlich stand sein Vater Anfang 1534 noch als Priester in Bruchenbrücken. In der vermehrten Fabelausgabe 1550, siehe Bibliographie Titel Nr. 34, erscheint die Fabel als siebzehnte gekürzt und ohne den Hinweis auf seinen Geburtsort. In der Vorrede weist er darauf hin, daß er alle Fabeln in seiner Jugend gedichtet und jetzt nur überarbeitet habe.

14. Bibliographie Titel Nr. 34

15. *Wilhelm Braune*, Die Fabeldichtungen des Erasmus Alberus, Halle a. S. 1892, Vorwort und Einleitung, S. LXVII

16. *Helmut Bode*, Lob der Wetterau, W. Kramer Verlag, 1978, S. 12
    Burkhard Steinhauer, ein hessischer Reformator, Hessische Heimat, Nr. 21/ 21.10.1967, Mittelhessische Druck- und Verlagsgesellschaft mbH, Gießen, Beilage zur Wetterauer Zeitung.
    Burkhard Steinhauer, ein streitbarer Weggefährte Martin Luthers, Hessische Heimat, Nr. 2/22.01.1994 und Nr. 3/05.02.1994, Mittelhessische Druck- und Verlagsgesellschaft mbH, Gießen, Beilage zur Wetterauer Zeitung
    Frank Gotta, Die Nidda. Frankfurter Societäts-Druckerei GmbH, 1993, S. 36 f.
    Konrad Roth, Beiträge zur Geschichte der Stadt Nidda, Selbstverlag des Vereins Krankenpflege zu Nidda, 1898, S. 92.

17. *Wilhelm Braune*, Die Fabeln des Erasmus Alberus, Einleitung, S. V

18. *Helmut Bode*, Lob der Wetterau, W. Kramer Verlag, 1978, S. 14. Ich selbst konnte in den Werken Albers diesen Hinweis nicht finden.

19. *Konrad Roth*, Beiträge zur Geschichte der Stadt Nidda. Selbstverlag des Vereins Krankenpflege zu Nidda, 1898, S. 91 f. Um 1500 soll in Nidda schon eine vorreformatorische Schule bestanden haben. Ein Schulmeister wird erstmals 1505 erwähnt. Seinen Namen kennen wir nicht. Vgl. auch *Hans-Jürgen Günther*, Vater und Sohn Johannes Pistorius Niddanus, Niddaer Geschichtsblätter, Heft 2, 1994, S. 11

20. Nidda gehörte damals zur Erzdiözese Mainz (bis 1529). Vgl. *Hans-Jürgen Günther*, Vater und Sohn Pistorius, S. 11. Der zuständige Bischof bestimmte den Studienort. Günther geht davon aus, daß Pistorius um 1525 sein Studium in Mainz abgeschlossen hatte, S. 14. Alberus verließ vermutlich 1518 Mainz. Ab 1519 studierte er in Wittenberg bei Luther.

21. Vgl. *Hans-Jürgen Günther*, Pistorius S. 15 f.

22. Ebenda S. 16 ff.

23. *Franz Schnorr von Carolsfeld*, Erasmus Alberus, Dresden 1893, S. 5
Schnorr verweist auf die Autobiographie des Alber Freundes Daniel Greiser hin, der Alber um 1529 in Sprendlingen getroffen hat, mit dem er zuvor in Weilburg eine "lange Zeit gute Kundschaft gehabt" habe.

24. Bibliographie Titel Nr. 50, Wider die verfluchte Lehre der Karlstädter. Alber schreibt, daß M. Philippus Stumpff von Eberbach einst sein "guter gesel in der Universitet zu Meintz" gewesen sei. S. XIII

25. *Elfriede Starke*, Kostbarkeiten der Lutherhalle Wittenberg. Ev. Verlagsanstalt Berlin, 1982, S. 28 ff. Die zeitgeschichtlichen Zusammenhänge und Hintergründe des Ablaßhandels mit ihren Folgen sind sehr klar dargestellt.

26. Seit 1961 wird in der Forschung Luthers Thesenanschlag an die Tür der Schloßkirche zu Wittenberg vom 31. Oktober 1517 bezweifelt. Die Versendung von 95 handgeschriebenen Thesen an hohe kirchliche Würdenträger am 31. Oktober 1517 ist dagegen belegt. Luther selbst hat anläßlich der 10. Wiederkehr der Verwerfung der Ablässe diese Tat am 31. Oktober 1527 mit Freunden gefeiert. Philipp Melanchthon berichtet 1546 in der Vorrede des zweiten Bandes der Wittenberger Gesamtausgabe von Luthers Werken erstmals überhaupt über den Thesenanschlag vom 31. Oktober 1517 Martin Luthers. Luther selbst hat nie auf einen "Thesenanschlag" Bezug genommen. Vgl. *Dr. Volkmar Joestel*, Der Reformator mit dem Hammer. Zur Wirkungsgeschichte von Luthers "Thesenanschlag" bis 1917. Katalog zur Ausstellung in der Lutherhalle Wittenberg, 1992.

27. Seit *Schnorr von Carolsfeld*, Erasmus Alberus, 1893, S. 2 wird behauptet, Alberus habe sich am 19. Juli 1520 an der Universität Wittenberg immatrikuliert. *Roman Polsakiewicz*, Erasmus Alber, Akte Universität Warschau, Nr. 576, 1981, S. 44., bemerkte auch den Fehler. Eine nochmalige Überprüfung meinerseits ergab, daß das Album Academiae Vitebergensis. Lipsiae, 1841 in der Martin-Luther-Universität Halle-Wittenberg,

Universitäts- und Landesbibliothek Sachsen-Anhalt in Halle (Saale) handschriftlich ergänzte falsche Jahresangaben führt, S. 91 ff.. Ich danke der wiss. Mitarbeiterin an der Lutherhalle Wittenberg, Frau Jutta Strehle, ganz herzlich für die Klarstellung, daß sich Erasmus Alberus bereits am 19.07.1519 in die Matrikel hat eintragen lassen. Brief vom 18.04.1995. Nach wie vor bin ich der Meinung - nach 30 Jahren Alber-Forschung -, daß sich Erasmus Alberus bereits 1518 in der Umgebung Luthers in Wittenberg aufgehalten hat. Die tiefe Abneigung des "heiligen Handel" im Mainzischen und anderswo erschreckte Alberus zu sehr. Mein unbeirrbarer Standpunkt fand in *Helmut Bodes* Buch, Erasmus Alberus, Lob der Wetterau, W. Kramer-Verlag, 1978 und 1983, S. 17 seinen Niederschlag, bezugnehmend auf meine Veröffentlichung in der Hessischen Heimat Nr. 21/21.10.1967, Beilage zur Wetterauer Zeitung.
Siehe auch: *Manfred Kopp*, Nicolaus Henricus und Cornelius Sutor, Bürger und Drucker zu Ursel, Oberursel 1964, S. 11

28. *Franz Schnorr von Carolsfeld*, Erasmus Alberus, 1893, S. 12. Alberus erinnert sich 1552 in seinem Buch "Vom Basilisken zu Magdeburg", vgl. auch Bibliographie Titel Nr. 30, an eine ev. Predigt von Caspar Aquila, die er vor 30 Jahren in Ursel gehört habe. Vgl. *Manfred Kopp*, Nicolaus Henricus und Cornelius Sutor, Bürger und Drucker zu Ursel, 1964, S. 11. Hinweise auf seine Lehrtätigkeit in Oberursel.

29. *Gustav Freiherr Schenk zu Schweinsberg*, Die Herkunft Erasmus Albers, Zeitschrift für deutsches Altertum und deutsche Literatur, Band 43, 1899, S. 388

30. Hinweise in dem Einzeldruck der Fabel "Von einem armen Edelmann". Siehe auch Bibliographie Titel Nr. 10, den Einzeldruck widmete Alberus der Stadt Ursel zum neuen Jahr (1537). Vgl. *Wilhelm Braune*, die Fabeln des Erasmus Alberus, Halle a. S. 1892, S.186
Ihren Vornamen erfahren wir, *Franz Schnorr von Carolsfeld*, Erasmus Alberus, 1893, S.13. Vgl. Bibliographie Titel Nr. 42. Epitaphium, das ist eine Grabschrift Jungfer Magdalen D. Martin Luthers Tochter. Am Ende der siebenseitigen Schrift folgt das Epitaph für seine Frau Katharina, verbunden mit der Auferstehungshoffnung. Frei übersetzt: Sie schläft, ist nicht tot, Catharina, Albers fromme Gattin. Erwartet, o gütiger Christus, deine Wiederkehr.

31. *Manfred Kopp*, Nicolaus Henricus und Cornelius Sutor, Bürger und Drucker zu Ursel, Oberursel, 1964, S. 10 f.

32. Kurze Beschreibung der Wetterau, in: Erasmus Alberus, vom Basilisken zu Magdeburg, Bibliographie Titel Nr. 30. Bekanntester Neudruck: *Johann Adam Bernhards*, Antiquitates Wetteraviae oder Alterthümer der Wetterau. Wozu noch kommt Erasmi Alberi, Kurtze Beschreibung der Wetterau, S. 305 ff., Verlag Joh. Con. Max. Ziegler, Hanau , 1731

33. Vgl. 25. Fabel der vermehrten Ausgabe von 1550. Bibliographie Titel Nr. 34, Zeile 112 ff. Vgl. auch Fabel 42, Zeile 1 ff.

34. Vgl. Bibliographie Titel Nr. 50, Wider die verfluchte Lehre der Karlstädter, 1556, Blatt Hij.

35. Ebenda, Blatt Hij ff.

36. *Helmut Bode*, Lob der Wetterau, W. Kramer Verlag Ffm. 1978 und 1983, S. 27 f.

37. Burgen und befestigte Gutshöfe um Frankfurt a. M., Siegfried Nassauer, Verlag Goldsteinsche Buchhandlung, Frankfurt 1916. S. 100 ff..

38. Stammtafeln westdeutscher Adelsgeschlechter, Tafel LXIII Hattstein II, in: *Walther Möller*, Stamm-Tafeln, Darmstadt 1933, S. 171 f.

39. Ebenda

40. Vgl. *Schnorr von Carolsfeld*, S. 18. Er geht noch davon aus, daß die Oberburg in Heldenbergen der Ort von Albers Tätigkeit war.

41. Vgl. *Wilhelm Braune*, Die Fabeln des Erasmus Alberus, Halle a.S. 1892, Einleitung S. VI f. und S. IX.

42. Vgl. *D. Dr. W. Diehl*. Reformationsbuch, Friedberg 1917, S. 41. Vgl. auch *Roman Polsakiewicz*, Erasmus Alberus, Ein Publizist der Reformationszeit, Universität Warschau, 1981, Akte 576, S. 45

43. Vgl. . *D. Dr. W. Diehl*. Reformationsbuch, Friedberg 1917, S. 41

44. Vgl. Bibliographie Titel Nr. 30, Vom Basilisken zu Magdeburg, 1552, Blatt Eij.

45. Vgl. *Schnorr von Carolsfeld*, Erasmus Alberus, Dresden 1893, Beilage II, Brief 6

46. Vgl. Bibliographie Nr. 8. Ein gutes Büchlein von der Ehe, 1536, Blatt E.

47. Bugenhagens Briefwechsel, Herausgegeben von *Otto Vogt*. Baltische Studien, 38. Jahrg., S. 155. Vgl. auch die Widmung des Ehebüchleins. Bibliographie Titel Nr. 12 und Reformationsbuch, D. Dr. Wilhelm Diehl, Friedberg 1917, S. 41

48. *Schnorr von Carolsfeld*, Erasmus Alberus, Dresden 1893, Beilagen II, Brief 7

49. *Gustav Kawerau*. Der Briefwechsel des Justus Jonas, Halle a. S., 1884, S. 397

50. Wider die verfluchte Lehre der Karlstädter, 1556, Blatt m, vgl. Bibliographie Titel Nr. 50

51. Vgl. Vorrede zu Novum Dictionarii genus, 1540, Bibliographie Titel 14 (vgl. auch *F. L. K. Weigand*, Deutsches Wörterbuch 2, Aufl. Bd. 1, Gießen, 1873) und Documenta Linguistica, *Gilbert de Smet*, Georg Olms Verlag, Reihe I, Hildesheim und New York. 1975. S. V. ff., auch *Helmut Bode*, Lob der Wetterau, W. Kramer Verlag, Frankfurt a.M. 1978 u. 1983 S. 43 ff., sowie auch *Schenk zu Schweinsberg*, Die Herkunft des Erasmus Alberus, Band 43, 1899, S. 388 ff., und Mitteilungen der Hessischen Familiengeschichtlichen Vereinigung, Band 5 (Heft 1 - 6), Darmstadt 1938 - 1939, Fam. Echzell, S. 245 ff.

52. Siehe Vorrede: Ein Gespräch von der Verführung der Schlange, 1541, vgl. Bibliographie Titel Nr. 16

53. Brief Albers an Nicolaus Ewald, Keller (Beamter mit niedriger Besoldung und bürgerlicher Herkunft) zu Babenhausen. ... mein Hausfraw und kinder sind zu Brandenburg bei ihren eltern, und ghet ihn wol, so bin ich zu Wittenberg bei Philippo. Vgl. *Schnorr von Carolsfeld*, Dresden, 1893, Beilage VIII. (Nach einer von Wilhelm Crecelius mitgeteilten Abschrift)

54. *Joachim Gebauer*, Die Einführung der Reformation in den Städten Alt- und Neustadt Brandenburg. In: Forschungen zur brandenburgischen und preussischen Geschichte 13, 1900, S. 128 ff.

55. Vgl. *Schnorr von Carolsfeld*, Erasmus Alberus, Dresden 1893, S. 50

56. Ebenda, S. 142

57. Bibliographie Titel Nr. 42

58. *D. Dr. Wilhelm Diehl*, Reformationsbuch der ev. Pfarreien des Großherzogtums Hessen, Friedberg, 1917, S. 289 f.

59. Ebenda, S. 279 f..

60. Ebenda S. 204 f.

61. Ebenda S. 202 ff.

62. Ebenda S. 204

63. Siehe Vorrede zu: Novum Dictionarii genus, 1540, Bibliographie Titel Nr. 14

64. *D. Dr. Wilhelm Diehl*, Reformationsbuch der ev. Pfarreien des Großherzogtums Hessen, Friedberg, 1917. S. 279

65. Ebenda, S. 253 und S. 279

66. Ebenda S. 251, Vgl. auch Bibliographie Titel Nr. 50. Alberus berichtet in seinem Buch ausführlich über den Todesfall und seine Folgen. Vgl. auch *Christian Waas*, die Chroniken von Friedberg, Bd. 1, Verlag Carl Bindernagel, Friedberg 1937, S. 42

67. *D. Dr. Wilhelm Diehl*, Reformationsbuch der ev. Pfarreien des Großherzogtums Hessen, Friedberg, 1917. S. 290

68. Vgl. Gustav Kawerau, Briefwechsel des Justus Jonas II. Halle, 1885, S. 107

69. *Carolus Eduardus Foerstemann*. Liber Decanorum facultatis theologicae academiae Vitebergensis. Lipsiae, 1838, S. 33

70. Fürstlich Ysenburg und Büding'sche Rentkammer - Kulturgut.
Abt. Kulturwesen Staden 94/612 b. Vgl. auch, *Dr. Karl Dielmann*, Aufsatz in

Heimatblätter für den Kreis Büdingen. Nr. 4/5 und 6/7. 1956, 19. Jahrgang

71. Ebenda

72. Bibliographie Titel Nr. 11, Das der Glaube an Jesum Christum allein gerecht und selig mache

73. Bibliographie Titel Nr. 18, Eilend, aber doch wohlgetroffene Controfactur, da Jörg Witzel abgemalt ist

74. Bibliographie Titel Nr. 17

75. Bibliogaphie Titel Nr. 19

76. *D. Dr. Wilhelm Diehl*, Reformationsbuch der ev. Pfarreien des Großherzogtums Hessen, Friedberg, 1917. S. 290 und 293

77. Ebenda, S. 293

78. Ebenda S. 293 f.

79. Die Hessische Kirchenordnung, In: *Günter E. Th. Bezzenberger und Karl Dienst*. Luther in Hessen, Verlag ev. Presseverband Kassel und Frankfurt, 1983, S. 14 f.

80. *D. Dr. Wilhelm Diehl*, Reformationsbuch der ev. Pfarreien des Großherzogtums Hessen, Friedberg, 1917. S. 291

81. Amtmann = adeliger Beamter mit höheren Bezügen
    Keller = Beamter mit niedriger Besoldung und bürgerlicher Herkunft

82. Jahrbegängnisse = Anniversarien

83. *D. Dr. Wilhelm Diehl*, Reformationsbuch der ev. Pfarreien des Großherzogtums Hessen, Friedberg, 1917. S. 293, vgl. auch: Schriftstücke aus den Jahren 1544 und 1545, *Schnorr von Carolsfeld*, Erasmus Alberus, Dresden 1893, S. 178 ff.

84. *Schnorr von Carolsfeld*, Erasmus Alberus, Dresden 1893, S. 66 f.

85. Ebenda, Schriftstücke aus den Jahren 1544 und 1545, S. 185

86. Ebenda, S. 188 und S. 202 ff.

87. Ebenda, S. 197 f.

88. Martin Luther und die Reformation in Deutschland, Insel Verlag Frankfurt/M, 1983, S.434

89. Ebenda S. 434

90. Eigentlich ein Lobgedicht: Die große Wohltat, Bibliographie Titel Nr. 22, siehe auch Bibliographie Titel Nr. 41. Vgl. auch Titel Nr. 21, gedruckt im Todesjahr Luthers. Die Vorrede ist Christina Goltz gewidmet, der Frau des Wittenberger Buchhändlers Moritz Goltz, mit dem Erasmus Alberus befreundet war. E. A. zitiert Tischgespräche Martin Luthers, in denen er das "leidige Bapsthumb" angreift. U.a. Zitat: Wenn der Bapst nicht mehr gethan hette/ denn das er so schendlich mit dem Ehestand umbgangen ist/ und das arme frawengeschlecht (umb welches willen Gott sein heiliges tewers blut eben so wol/ als für das menliche geschlecht/ vergossen) dem Teuffel zum schawspiel dargestellt hat/ so solt man nimermehr auffhören in zu verspeien und zu vermaledeien. Die Weiber hat er nicht anders gehalten/ denn als des Teuffels cloac. Nu kan dennoch den Weibern iren rhum niemand nemen/ nemlich das sie das gantze menschliche Geschlecht in irem leib tragen/ geberen/ neren/ seugen/ und mit grosser mühe und arbeit aufferziehen.

91. *Schnorr von Carolsfeld*, Erasmus Alberus, Dresden 1893, S. 202 ff.

92. Ebenda, S. 197 f.

93. Ebenda, S. 197 f.

94. Bibliographie Titel Nr. 24

95. *F. Hassenkamp*, Hessische Kirchengeschichte, Elberfeld 1862, Bd. 2, S. 559

96. Vgl. Bibliographie Titel Nr. 24. Diese Schrift befand sich in der Bibliothek des bekannten Theologen Valentin Ernst Löscher und ist seitdem verschwunden. Bei der Versteigerung der Löscherschen Bibliothek um 1750 wurde der Titel Nr. 24 mit anderen zusammen für

einen Groschen verkauft.

97. Zeitschrift für Preußische Geschichte und Landeskunde, 2. Jahrgang 1865, vgl. auch *Schnorr von Carolsfeld*, Erasmus Alberus, Dresden 1893, S. 202 f.

98. Vgl. *Schnorr von Carolsfeld*, Erasmus Alberus, Dresden 1893, S. 202. Brief Albers an den Praedicanten Hartmann Beyer in Frankfurt. Siehe auch: *Thomas Bauer*: Bürger, Fremde, Minderheiten. In: 1200 Jahre Frankfurt am Main, Jan Thorbecke Verlag, Sigmaringen 1994. S. 123.
Weiterführend: *Manfred Kopp*, Nicolaus Henricus und Cornelius Sutor, Bürger und Drucker zu Ursel, Oberursel 1964, S. 11 f.

99. Neue Jahrbücher für Philologie und Pädagogik, 1884, Heft 1. Das altstädtische Gymnasium zu Magdeburg 1524 - 1631, S. 44 f.
Vgl. auch: *Theodor Pressel*, Anecdota Brentiana, Tübingen 1868, S. 288 ff.

100. Schnorr nimmt an, daß in der zweiten Hälfte des Jahres 1548 etwa 3.000 Menschen an der Pest verstorben sind, S. 92.

101. *Roman Polsakiewicz*, Akte Universität Warschau, Nr. 576, Warschau 1981, S. 66 f.

102. *Schnorr von Carolsfeld*, Erasmus Alberus, Dresden 1893, S. 92

103. *Wilhelm Raabe*, sämtliche Werke, Braunschweiger Ausgabe, Band 4, Vandenhoeck & Ruprecht, Göttingen 1969, S. 323 ff.

104. Bibliographie Titel Nr. 31, Absage gegen Bugenhagen, weiterführend: Bibliographie Titel Nr. 25, 32 und 38.

105. Vgl. die Hinweise von *Schnorr von Carolsfeld*, Erasmus Alberus, Dresden 1893, S. 81 und S. 199

106. *Heinrich Merckel*, Wahrhaftiger, ausführlicher und gründlicher Bericht von der Altenstadt Magdeburg Belagerung. Magdeburg 1587, Blatt QIII.

107. Vgl. Vorrede in: Zehn Dialogi für Kinder (Bibliographie Titel Nr. 43). Alberus schreibt "Ich bin eine zeitlang zu Hamburg gewest (1551 - 1552), und ewer Eltern (Anna und Heinrich Reders) haben mir viel wolthaten erzeigt, darumb schenke ich euch dis Büchlein".

Alberus benennt auch seine drei Töchter namentlich in dieser Schrift.

108. Vgl. *Schnorr von Carolsfeld*, Erasmus Alberus, Dresden 1893, S. 94 f.

109. Vgl. Bibliographie Titel Nr. 30

110. Vgl. *Barbara Marpert*, Wetterauer Zeitung, Nr. 251/29. Oktober 1982, S. 19. Weiterführend: Hessische Heimat, Beilage zur Wetterauer Zeitung Nr. 21/ 21. Oktober 1967. Vgl. auch: *Helmut Bode*, Lob der Wetterau, Waldemar Kramer Verlag, Frankfurt, zweite Auflage 1983, S. 201

111. *Schnorr von Carolsfeld*, Erasmus Alberus, Dresden 1893, S. 217 ff. Ein Brief an den Rat der Stadt Lübeck.

112. Ebenda, S. 149

113. Vgl. *Franz Boll*, Chronik der Vorderstadt Neubrandenburg, Neubrandenburg 1875, S. 53 und: Mecklenburgisches Volksbuch, Hamburg, 1864, S. 193 f.

114. Nach Melanchthons Briefen an Herzog Johann Albrecht und Johann Aurifaber vom 14. und 16. Juli 1553 (Corpus Reformatorum Vol. VIII Sp. 123 f.) war Alberus als Gehalt 200 Gulden zugesagt, deren eine Hälfte ihm der Rat versprochen, deren andere der Landesherr auf die Einkünfte eines Klosters angewiesen hatte. Auch Albers Nachfolger in Neubrandenburg hatte unter der Widerspenstigkeit des Rates zu leiden.

115. Vgl. Bibliographie Titel Nr. 48. *Gertrud Alberus*, des beständigen Bekenners und treuen Dieners Christi, D. Erasmi Alberi christlicher seliger Abschied von dieser argen undankbaren Welt. Gertrud Alberus schildert sehr detailliert am 28. Mai 1553 mit warmherzigen Worten das Sterben ihres Mannes: "... kurtz aber hart vor 9 fellet er von dem stuel auff die erden auff seine knie (denn er hatt nie auff keinem bette gelegen) und betet hefftiglich zu Gott bey einer halben viertel stunde/ und nach dem sie im wider auff den stuel geholffen/ sieht er mich und seine liebe kindlein gantz freundlich und lieblich an/ hebt seine augen und gefaltene hende gegen himmel/ und entschleffe uns also auff dem stuel/ welchs Seele der Almechtige gnedig sein wölle/ Amen (Auszug aus dreisetigem Text). Die dem Text folgende "Weisheit", Blatt "liche" ff. basiert wahrscheinlich auf einem von Alberus selbst verfaßten Text. Vorhanden: Universitätsbibliothek Heidelberg, Salem 213,5 (Erasmus Alberus, ... abschied von dieser ... welt) 1553

116. *Schnorr von Carolsfeld*, Erasmus Alberus, Dresden 1893, S. 144.
(Ein Hinweis auf drei Töchter findet sich in der Schrift: Zehn Dialogi für Kinder. Vgl. auch: Bibliographie Titel Nr. 43.)

117. Ebenda. S. 153 f.

118. *Fritz Löffler*, Die St. Marienkirche zu Neubrandenburg, Das christliche Denkmal, Heft 11, Union Verlag Berlin, 1957, S. 24 ff.

Versuch einer Bibliographie

Die Standortnachweise der Werke sind im "Preußischen Gesamtkatalog" verzeichnet. Seit dem 30. August 1968 verfüge ich über handschriftliche Ergänzungen dieses Kataloges, die die heutigen Besitzverhältnisse der Werke Albers klar machen.

An dieser Stelle danke ich der Direktorin Rother des Auskunftsbüros der Deutschen Staatsbibliothek Berlin, Unter den Linden, für diese mühevolle Arbeit. Die von ihr überarbeiteten Standortnachweise sind in Kopie im Niddaer Stadtarchiv - 63667 Nidda hinterlegt.

Desweiteren lagen Frau Rother 1968 noch nicht erfaßte Besitznachweise vor. In der Bibliographie sind dies die Titelnummern: 29, 36, 48, 51, 54, 56 und 57. Der Einfachheit halber habe ich hier unter den Titeln die Besitznachweise angegeben.

Zur Erforschung der Buchdrucker und der Druckorte ist das "Verzeichnis der im deutschen Sprachbereich erschienenen Drucke des 16. Jahrhunderts", Bd. I Stuttgart 1983, sehr hilfreich. Der "Preußische Gesamtkatalog" gibt nur sehr ungenau Auskunft.

Die Werke Albers, in der Bibliographie unter Nummer 24, 25, 28, 31, 32, 33 und 38 aufgeführt, sind meistenteils nur handschriftlich erhalten. Franz Schnorr von Carolsfeld bespricht die Titel in seinem Buch: Erasmus Alberus - Ein biographischer Beitrag zur Geschichte der Reformationszeit. Dresden 1893, S. 83 ff.

1. Das meisterliche Gedinge des Abts von Chemnitz,
   Flugschrift, Druckort und Drucker unbekannt - 1522

2. Ein schöner Dialogus von Martin Luther,
   gedruckt in Erfurt bei Buchführer, in Augsburg bei Ramminger, in Straßburg bei Schürer und in Zwickau bei Gastel - 1523

3. Gesprächsbüchlein von einem Bauern,
   gedruckt in Speyer bei Schmidt - 1524

4. Iudicium Erasmi Alberi de Spongia Erasmi Roterodami,
   gedruckt in Augsburg bei Ruff, in Hagenau bei Setzer - 1524 - und in Straßburg bei Prüß d.J.- 1525

5. Absage oder Fehdeschrift Luzifers an Martin Luther,
   gedruckt in Königsberg bei Weinreich, in Leipzig bei Stöckel, in Worms bei Schöffer, in Zwickau bei Gastel und in Nürnberg bei Höltzel - 1524

6. Ein Preislied auf das Wort Gottes,
   gedruckt in Nürnberg bei Hergot - 1530 (ebenda 1540 bei Wachter)

   6 a) Was das Wörtchen Sela bedeutet,
   mutmaßlicher Verfasser: Erasmus Alberus,
   gedruckt in Magdeburg bei Walther - 1532
   vorhanden: Niedersächsiche Staats- und Universitätsbibliothek, Göttingen

   6 b) Harmonia evangeliorum
   mutmaßlicher Verfasser: Erasmus Alberus
   Druckort und Drucker unbekannt - 1532

7. Etliche Fabeln Esopi, verdeutscht und in Reime gebracht,
   gedruckt in Hagenau, Drucker unbekannt - 1534
   2. Auflage gedruckt in Augsburg bei Steyner - 1539

8. Ein gutes Büchlein von der Ehe,
   Druckort und Drucker unbekannt - 1536

9. Utilissima Praecepta morum,
gedruckt in Hagenau bei Kobianus - 1536
2. Auflage gedruckt in Frankfurt/Main bei Egen(olf) - 1537

10. Von einem armen Edelmann (Fabel, Einzeldruck),
gedruckt in Frankfurt/Main bei Egen(olff) - 1537

11. Das der Glaube an Jesum Christum allein gerecht und selig mache,
Druckort und Drucker unbekannt - 1539

12. Das Ehebüchlein. Ein Gespräch zweier Weiber mit Namen Agatha und Barbara, den Ehestand betreffend, Druckort und Drucker unbekannt - 1539 2. Auflage, mit Abweichungen, gedruckt in Straßburg bei Fröhlich - 1545

13. Vom Unterschied der evangelischen und papistischen Messen,
Druckort und Drucker unbekannt - 1539

14. Novum Dictionarii genus,
gedruckt in Frankfurt/Main bei Egen(olph) - 1540

15. Neue Zeitung von Rom, woher das Mordbrennen komme,
gedruckt in Wittenberg bei Rhau - 1541

16. Ein Gespräch von der Verführung der Schlange,
gedruckt in Berlin bei Weiss - 1541, 44 Blatt

17. Der Barfüßer Mönche Eulenspiegel und Alcoran,
gedruckt in Wittenberg bei Lufft - 1542

18. Eilend, aber doch wohl getroffene Controfactur, da Jörg Witzel abgemalt ist,
Druckort und Drucker unbekannt - 1543

19. Ein Gespräch von der Verführung der Schlange,
gedruckt in Erfurt bei Sthürmer und in Nürnberg bei Gutknecht - 1544, jeweils 32 Blatt
3. Auflage: Wittenberg bei Creutzer - 1552

20. Virtutes Comitis
    Druckort und Drucker unbekannt - 1545

21. Eine Predigt vom Ehestand,
    gedruckt in Wittenberg bei Seitz - 1546

22. Die große Wohltat,
    Drucker und Druckort unbekannt - 1546

23. Ein Lied von der Zukunft des Herrn Christi am Jüngsten Tag,
    gedruckt in Wittenberg bei Rhau ? und in Nürnberg bei Gutknecht - 1546

24. Ob die Stände des Reichs einem tyrannischen Kaiser widerstehen mögen,
    handschriftlich erhalten - 1546

25. Bericht über den Schmalkaldischen Krieg,
    anonyme Schrift - 1547

26. Ein Dialogus, oder Gespräch etlicher Personen vom Interim,
    Druckort und Drucker unbekannt - 1548

27. Vom Zeichen des Jüngsten Tags,
    Druckort und Drucker unbekannt - 1548

28. Verse zu dem Holzschnitt Christus als Überwinder des Interims,
    Druckort und Drucker unbekannt, ohne Jahr

29. Kurze Auslegung des Vaterunsers,
    gedruckt in Hamburg und Magdeburg bei Lewe - 1549
    vorhanden: Ev. Predigerseminar Wittenberg Lutherstadt

30. Vom Basilisken zu Magdeburg
    im Anhang: Die Kurze Beschreibung der Wetterau, gedruckt in Hamburg bei Lewe -1552.
    Eine ursprünglich auf 1549 datierte Schrift gab es nicht (siehe Preußischer Gesamtkatalog)

31. Absage gegen Bugenhagen, handgeschriebene Abschrift (wurde auch 1549 nur
    handschriftlich vervielfältigt) erhalten in der Landesbibliothek Gotha - 1549

32. Vermahnung an die christliche Kirche im Sachsenland,
    handschriftlich erhalten in der Herzog-August-Bibliothek Wolfenbüttel - 1549

33. Ob man den Papisten, auch in Mitteldingen weichen sollte,
    handschriftlich erhalten in der Herzog-August-Bibliothek Wolfenbüttel - 1549

34. Das Buch von der Tugend und Weisheit, nämlich neunundvierzig Fabeln,
    gedruckt in Frankfurt bei Braubach - 1550

35. Der holdseligen Blumen der Dreifaltigkeit Bedeutung,
    Druckort und Drucker unbekannt - 1550
    35 a) Buch von der Visitation
    mutmaßlicher Verfasser: Erasmus Alberus - um 1550,
    handschriftliche Abschrift verloren

36. Admonitio. M. Alberti Christiani (= Erasmus Alberus) ad primarium nostri
    temporis Ecebolum Eislebium scripta,
    Druckort und Drucker unbekannt - 1551
    vorhanden: Deutsche Staatsbiliothek Berlin, Unter den Linden

37. Wider das Lesterbuch des hochfliehenden Osiandri,
    gedruckt in Hamburg bei Lewe - 1551

38. Vermahnung das man bei der reinen Lehre Gottes bleibe,
    handschriftlich erhalten in der Bayerischen Staatsbiliothek - 1551

39. Das tröstliche und liebliche Gespräch zwischen Gott, Adam, Eva, Abel und Kain,
    gedruckt in Wittenberg bei Creutzer - 1552

40. Vom Wintervogel Halcyon, ein herrlich Wunderwerk Gottes,
    gedruckt in Hamburg bei Lewe - 1552

41. De grote Woldadt (niederdeutsch, vgl. Titel 22 von 1546),
    gedruckt in Hamburg bei Lewe - 1552

42. Epitaphium, das ist eine Grabschrifft Jungffer Magdalen D. Martini Luthers Tochter
    (Übersetzung) gedruckt in Hamburg, bei Lewe - 1552

43. Zehn Dialogi für Kinder
    Dieser Druck wird einer Lübecker Druckerei zugeschrieben, vgl. Schnorr von Carolsfeld S. 143 ff.

44. Vorrede zu Georgius Barts "Dialogus",
    gedruckt in Lübeck bei Richolff - 1552

45. Auslegung des Wappens der Stadt Magdeburg (Einblattdruck),
    gedruckt in Hamburg bei Lewe, ohne Jahresangabe

46. Also spricht Gott, dies ist mein lieber Sohn,
    .Druckort und Drucker unbekannt, ohne Jahresangabe

47. Bericht von der Kinder Taufe,
    gedruckt in Neubrandenburg, Drucker unbekannt - um 1553, vgl. Titel 55

48. Gertrud Alberus: Des beständigen Bekenners und treuen Dieners Christi, D. Erasmi Alberi christlicher seliger Abschied von dieser argen undankbaren Welt,
    Druckort und Drucker unbekannt - 1553
    vorhanden: Universitätsbibliothek Heidelberg

49. Ein Brief..., warum christliche Prediger... ohne Furcht strafen sollen,
    Druckort und Drucker unbekannt - 1555

50. Wider die verfluchte Lehre der Karlstädter,
    gedruckt in Neubrandenburg bei Brenner - 1556

51. Vom heiligen Ehestand, 6 Lehren,
    gedruckt in Erfurt, Drucker unbekannt - 1561
    vorhanden: Herzog-August-Bibliothek Wolfenbüttel

52. Von den Ursachen, warum die Prediger alle Sünden strafen müssen,
    gedruckt in Eisleben, Drucker unbekannt - 1563

53. Der Schatz der Kirchen,
    Druckort und Drucker unbekannt - 1568
    vorhanden: Ratsschulbibliothek Zwickau

54. Zehn Dialogi für Kinder,
   gedruckt in Erfurt bei Wittel - 1591

55. Bericht von der Kinder Taufe (Vorrede und Anhang des Generalsuperintendenten Nikolaus Selnecker),
   Druckort und Drucker unbekannt - 1591

56. Nachweis das St. Franziskus ein Gotteslästerer gewesen ist,
   gedruckt in Halle, Drucker unbekannt - 1615
   vorhanden: Herzog-August-Bibliothek Wolfenbüttel

57. Gott hat das Evangelium gegeben,
   gedruckt in Arnstadt - 1720
   vorhanden: Landesbibliothek Weimar

58. Sehr schöne neue geistliche Lieder
   gedruckt in Dresden bei Stöckel, in Wittenberg bei Rhau?, in Nürnberg bei Newber und Gutknecht und in Augsburg bei Zimmermann
   Herausgabe in den Jahren 1530?, 1540, 1548?, 1549, 1550, 1555, 1557 und 1560.

Benutzte Archive und Bibliotheken

Lutherhalle Wittenberg
Reformationsgeschichtliches Museum, Wittenberg

Niedersächsische Staats- und Universitätsbibliothek Göttingen

Österreichische Nationalbibliothek Wien

Theologisches Seminar der Evangelischen Kirche in Hessen und Nassau, Friedberg

Universitätsbibliothek Heidelberg

Zentralbibliothek Zürich
Kantons-, Stadt- und Universitätsbibliothek Zürich

Literaturverzeichnis

BAUER, THOMAS
Bürger, Fremde, Minderheiten. In: 1200 Jahre Frankfurt am Main. Sigmaringen 1994

BECK, WILFRIED
Erasmus Alber - Martin Luthers Freund. In: Wetterauer Geschichtsblätter. Friedberg 1984

BEZZENBERGER, E.TH. und DIENST, KARL
Luther in Hessen. Frankfurt und Kassel 1983

BODE, HELMUT
Lob der Wetterau. Frankfurt 1978 und 1983

BOLL, FRANZ
Chronik der Vorderstadt Neubrandenburg. Neubrandenburg 1875

BRAUNE, WILHELM
Die Fabeln des Erasmus Alberus. Halle a. d. S. 1892

CAROLSFELD, FRANZ SCHNORR VON
Erasmus Alberus. Ein biographischer Beitrag zur Geschichte der Reformationszeit. Dresden 1893

CLEMEN, OTTO
Flugschriften aus den ersten Jahren der Reformation. Leipzig 1909

DIEHL, WILHELM
Reformationsbuch der evangelischen Pfarreien des Großherzogtums Hessen. Freidberg 1917

DIELMANN, KARL
Heimatblätter für den Kreis Büdingen, Nr. 4/5 und 6/7. Büdingen 1956

EVANGELISCHES GESANGBUCH, Ausgabe für die Evangel. Kirche in Hessen und Nassau. Frankfurt 1994

FOERSTEMANN, CAROLUS EDUARDUS
Liber Decanorum facultatis theologicae academiae Vitebergensis. Lipsiae 1838

GEBAUER, JOACHIM
Die Einführung der Reformation in den Städten Alt- und Neustadt Brandenburg.
In: Forschungen zur brandenburgischen und preußischen Geschichte. 1900

GOTTA, FRANK
Die Nidda. Frankfurt 1993

GÜNTHER, HANS-JÜRGEN
Vater und Sohn JOHANNES PISTORIUS NIDDANUS. Nidda 1994

HASSENKAMP, F.
Hessische Kirchengeschichte. Elberfeld 1862

JOESTEL, VOLKMAR
Der Reformator mit dem Hammer. Wittenberg 1992

KAWERAU, GUSTAV
Der Briefwechsel des Justus Jonas. Halle 1884

KOHLS, ERNST-WILHELM
Erasmus Alber. Theologische Realenzyklopedie. Band II. Berlin u. New York 1978

KOPP, MANFRED
Nicolaus Henricus und Cornelius Sutor. Oberursel 1964

LÖFFLER, FRITZ
Die St. Marienkirche zu Neubrandenburg. Berlin 1957

LUTHER, MARTIN und die Reformation in Deutschland.
Ausstellungskatalog zum 500. Geburtstag Martin Luthers. Frankfurt 1983

MARPERT, BARBARA
Ein Denkmal für Erasmus Alberus. Wetterauer Zeitung, Friedberg 29.10.1982

MECKLENBURGISCHES VOLKSBUCH. Hamburg 1864

MERCKEL, HEINRICH
Wahrhaftiger, ausführlicher und gründlicher Bericht von der Altenstadt Magdeburg Belagerung.
Magdeburg 1587

MÖLLER, WALTHER
Stammtafeln. Darmstadt 1933

MITTEILUNGEN der Hessischen Familiengeschichtlichen Vereinigung, Band 5.
Darmstadt 1938 - 1939

NASSAUER, SIEGFRIED
Burgen und befestigte Gutshöfe um Frankfurt a.M. Frankfurt 1916

NEUE JAHRBÜCHER für Philologie und Pädagogik, Heft 1.
Das altstädtische Gymnasium zu Magdeburg. 1884

POLSAKIEWICZ, ROMAN
Erasmus Alber. Ein Publizist der Reformationszeit. Warschau 1981

PRESSEL, THEODOR
Anecdota Brentiana. Tübingen 1868

RAABE, WILHELM
Unseres Herrgotts Kanzlei. Göttingen 1969

ROTH, KONRAD
Beiträge zur Geschichte der Stadt Nidda. Nidda 1898

SCHWEINSBERG, GUSTAV FREIHERR SCHENK ZU
Die Herkunft Erasmus Albers. In: Zeitschrift für deutsches Altertum und deutsche Literatur.
Band 43. 1899

SMET, GILBERT de
Documenta Linguistica, Reihe 1. Hildesheim und New York. 1975

STARKE, ELFRIEDE
Kostbarkeiten der Lutherhalle Wittenberg. Berlin 1982

STEINHAUER, BURKHARD
Ein hessischer Reformator. Hessische Heimat Nr.21 / 21.10.1967. Beilage zur Wetterauer Zeitung

STEINHAUER, BURKHARD
Ein streitbarer Weggefährte Martin Luthers. Hessische Heimat Nr.2 / 22.01.1994 und Nr.3 vom 05.02.1994. Beilage zur Wetterauer Zeitung

STEINHAUER, BURKHARD
Erasmus Alberus im Holzschnitt von 1591. Wetterauer Zeitung Nr. 149 / 01.07.1989

THULIN, OSKAR
Cranach - Altäre der Reformation. Berlin - Ost 1955

VOGT, OTTO
Bugenhagens Briefwechsel. Baltische Studien. 38. Jahrgang

WEIGAND, L.K.
Deutsches Wörterbuch, 2. Gießen 1873

WINDHAUS, G.
Geschichte der Lateinschule zu Friedberg. Friedberg 1893

ZEITSCHRIFT für preußische Geschichte und Landeskunde, 2. Jahrgang 1865

Zeittafel

	1483	am 10. November **Geburt Martin Luthers** in Eisleben
um	**1500**	**Geburt Erasmus Albers** in Bruchenbrücken (heute Stadtteil von Friedberg) Kindheit in Staden (heute Stadtteil von Florstadt)
	1504	Geburt Landgraf Philipps von Hessen
um	**1508**	**Schuljahre in Nidda**
um	**1514**	Schuljahre in Weilburg
um	**1517**	Universitätsstudium in Mainz
	1517	am 31. Oktober protestiert Luther mit seinen **95 Thesen** bei seinen kirchlichen Oberen gegen **Ablaßlehre** und Ablaßpraxis
	1518	Regierungsantritt Philipps von Hessen (Regierungsgeschäfte ab 1518)
	1518	Philipp Melanchthon wird Professor in Wittenberg
Erasmus Alberus hört begeistert Predigten Martin Luthers in Wittenberg
	1519	Erasmus Alberus immatrikuliert sich an der Wittenberger Universität Regierungsantritt Kaiser Karl V.
	1521	Luther wird vor dem **Reichstag zu Worms** verhört. Vom Mai 1521 bis März 1522 ist Luther auf der Wartburg in Sicherheit.
	1522	Erasmus **Alberus** wird **Unterlehrer in Büdingen**, dann **Schulmeister in Oberursel**

um	1523	Erasmus Alberus heiratet in Oberursel
	1524	Erasmus Alberus wirkt für 20 Wochen als **Schulmeister in Eisenach**. Rückkehr nach Oberursel - **1525 Bauernkrieg**
	1525	am 13. Juni heiratet Luther - kurz nach der Niederwerfung der Bauernerhebung - Katharina von Bora
	1527	Erasmus Alberus legt für den Amtmann Ritter Konrad von Hattstein in **Usingen** ein Urkundenbuch an. **Rückkehr nach Oberursel**
	1528	Erasmus Alberus führt in **Sprendlingen** die Reformation ein
	1530	Augsburger Reichstag. **"Confessio Augustana"**
	1534	Martin Luther veröffentlicht seine Übersetzung des Alten und Neuen Testaments
	1536	Albers Frau Katharina stirbt in Sprendlingen
	1537	Erasmus Alberus geht als Reiseprediger in die Markgrafschaft **Küstrin** und kehrt nach Sprendlingen zurück
	1540	Aufenthalte in **Marburg, Basel** und in **Wittenberg** bei Martin Luther
	1541	Neue Pfarrstelle in der **Neustadt Brandenburg an der Havel**. Zweite Verheiratung.
	1542	Vertreibung aus Brandenburg. Zuflucht bei Martin Luther in Wittenberg
	1543	Erasmus Alberus wird erster **evangelischer Pfarrer der Ganherrschaft Staden** in der Wetterau. Er promoviert zum **Doktor der Theologie**
um	1544	Geburt der ersten Tochter (vermutlich im Pfarrhaus zu Langen)
	1545	Erasmus Alberus führt in **Babenhausen** die Reformation ein. Zuflucht bei Martin Luther in Wittenberg
	1546	**am 18. Februar stirbt Martin Luther** in Eisleben; Beisetzung am 22. Februar in der Schloßkirche zu Wittenberg. Erasmus findet jetzt bei Philipp Melanchthon eine Bleibe. Berufung nach **Rothenburg o.d. Tauber**. Alberus erkrankt schwer. Rückkehr nach Wittenberg zu Philipp Melanchthon. Ausbruch des Schmalkaldischen Krieges. Alberus flüchtet mit mehreren Wittenberger Professoren nach Brandenburg.
um	1546	Geburt einer zweiten Tochter
	1547	**Schmalkadischer Krieg**. Alberus hält sich in **Leipzig** auf.
	1548 -	1552 Augsburger **Interim**. Alberus wird **Prediger in Magdeburg** und erhält den Auftrag eine "Theologie-Schule" zu gründen
um	1551	Geburt der dritten Tochter
	1551	Unterkunft in **Hamburg** bei Heinrich Reders
	1552	Kurzer Aufenthalt in **Lübeck** und Weiterreise nach **Rostock**. Der Universitätsprofessor Konrad Pegel bemüht sich um eine Pfarrstelle für Erasmus Alberus. **Berufung nach Neubrandenburg** (Mecklenburg). Er wird erster **Superintendent** des Landes Stargard an der Linde.
	1553	**5. Mai: Erasmus Alberus stirbt** in Neubrandenburg im Alter von ca. 53 Jahren
	1555	**Augsburger Religionsfriede**. Maßgebend für die Untertanen ist das Bekenntnis des Landesherrn: "Cuius regio, eius religio".

Stammbaum der Familie Al(e)ber von Reif(f)enberg

Kuno Aleber (auch: Altbär, Halber oder Oleber gen.) von Reif(f)enberg, gesessen zur Reusen in Friedberg/Hessen Bürgermeister in Friedberg i. d. J.: 1461, 1466, 1472 und 1483, urkundlich erwähnt (FB) zwischen 1461 und 1505

∞ Tochter des Thonges und der Krin Becker von Ober-Mörlen

2. Gattin: N. von Mulhoffen, 1478   3. Gattin: Elßgin Armbrusten, † vor 1523

Henn Aleber zur Reusen
Bürgermeister in Friedberg i.d.J. 1491 u. 1495
später Bürgermeister in Oberursel
urkundlich erwähnt (FB) zwischen 1491 - 1526

Gattin: Greth

Dietrich (Tilmann) Alber
röm.-kath. Priester in Bruchenbrücken, 1528
und ev. Pfarrer in Engelrod, 1534
urkundlich erwähnt (FB) 1524 u. 1528

Hille
∞ Hans Sattler, 1522

N.N. † 1539
∞ Wolf Echzell † 1599 (etwa 90-jährig)
gräfl. Solms-Lichischer Beamter (Keller)
in Butzbach 1540 - 1573
2. Gattin: Margredt † 1597

Dorothea
∞ Johann Dorplatz
Bürgermeister in Friedberg i. d. J.
1514, 1523, 1531, 1534, 1537, 1549
und 1556

Erasmus Alberus - Reformator,
Schriftsteller und Lexikograph
* um 1500 † 05.05.1553
∞ Katharina † 1536
2. Gattin: Gertrud (Mutter der Kinder)

Andreas Alber
Schullehrer in Friedberg
1524

Christoph Echzell † 1612
Bürgermeister in Butzbach
i. d. J. 1572 u. 1577
∞ 1565 Anna Pfeilsticker † 1572
2. Gattin: ∞ 1572 Anna Sauer † 1622

Jost Echzell † 1574

Johann Dorplatz d. J. zur Reusen † 1544
∞ Katharina * um 1520 † um 1593
2. Ehe: ∞ Johannes Zubrot
* um 1510 † 06.03.1572

Anna * um 1500 oder nach 1544
∞ Pastor Matthaeus Reutz

Dorothea * um oder nach 1544

Gertrud * um oder nach 1544

Kinder: siehe Mitteilungen
der Hessischen Familienge-
schichtlichen Vereinigung,
Band 5 (Heft 1 - 6)
Darmstadt 1938 - 1939,
S. 245 ff.

David Reutz * 1576 in Rostock
Generalsuperintendent von Pommern

Register

Personenregister

Alber, Andreas: 13
Alber, Dietrich: 13, 20
Alber, Henne: 13, 25
Alber, Kune zur Reussen: 12 f
Alberus, Anna: 39
Alberus, Dorothea: 39
Alberus, Erasmus: ..passim
Alberus, Gertrud (Tochter): 39
Alberus, Gertrud: 30 f, 33, 35, 39
Alberus, Katharina: 25, 29
Albrecht, Graf von Mansfeld: 55
Albrecht, Herzog von Preußen: 24
Albrecht von Brandenburg, Erzbischof von Mainz: 23 f, 30 f, 34
Anton, Graf von Ysenburg-Ronneburg: 31
Aquila, Caspar: 26
Balke, Joachim: 37
Bernhard, Johann Adam: 50
Bode, Helmut: 13
Braubach, Peter: 19, 27
Braune, Wilhelm: 13, 40, 51
Bugenhagen, Johannes: 10, 32, 38, 41, 43
Buttel, Friedrich Wilhelm: 40
Bürkicht, Andreas: 37
Carolsfeld, Franz Schnorr von: 40
Chun, Johannes: 29
Conrad, Ritter von Hattstein: 28 f
Cordu, Euritium: 10
Cranach, Lukas d.Ä.: 41 f, 54
Cranach, Lukas d.J.: 36, 40 ff
Cruziger, Caspar: 10
Dorsch (Pfarrer): 33
Echzell, Wolf: 30
Egenolph, Christian: 10
Eppstein, Grafen von: 28
Ewald, Nikolaus: 31, 36
Forster, Johann: 10
Goltz, Moritz: 54
Gotta, Frank: 13
Götzenhenn: 14
Greth, Magd Dietrich Albers: 13
Günther, Hans-Jürgen: 22
Hattstein, Grafen von: 28
Häusler, Robert: 42
Hessum, Helium Eobanum: 10
Hohenstein, Gräfin Anna von: 55
Holbein, Hans d.Ä.: 20
Holzhusen, Joachim: 58
Hutten, Ulrich von: 52
Joachim II., Kurfürst v. Brandenburg: 30
Johann Albrecht, Herzog v. Mecklenburg: 38
Johann, Graf v. Isenburg-Birstein: 31
Jonas Justus: 10, 31
Karl V., Kaiser: 22, 36 ff
Klotzke, Kanzleisekretär: 42
Kopp, Manfred: 26
Körner, Emil: 40
Küstrin, Hans Markgraf von: 30
Leo X., Papst: 23
Lilje, Hans, D. Dr.: 40, 42
Löw zu Steinfurt, Graf Ludwig: 31
Ludwig Marquard, Ritter v. Hattstein: 28
Ludwig von Hessen: 30
Luther, Magdalena: 31, 58
Luther, Martin: 8 ff, 13, 22 ff, 26, 28 ff, 35 f, 38, 40 f, 43 f, 52 f, 57 ff
Mansfeld, Grafen von: 36
Melanchthon, Philipp: 22, 25, 31, 36, 41, 52
Minckwitz, Georg von: 37
Moritz von Sachsen: 36 f
Nassau, Grafen von: 28
Osiander, Andreas: 24, 56
Pegel, Konrad: 38
Philipp IV., Graf v. Hanau-Lichtenberg: 32 ff
Philipp von Hessen: 21, 26, 29 f
Pistorius, Johannes d. Ä.: 22
Raabe, Wilhelm: 37
Rau, Johannes: 28
Rotterdam, Erasmus von: 9, 52
Satorius, Theodorichus: 52
Schreckenbach-Neubert: 42
Schottenloher: 42
Schweinsberg, Gustav Freiherr Schenk zu: 30
Seitz, Peter: 54
Selnecker, Nikolaus, Prof. D.: 44 f
Singer: 42
Spalatin, Georg: 10, 31, 43
Strauß, Jakob: 28
Stumpff, Philipp: 52
Tacitus, Cornelius: 10

Tetzel, Johann: 23
Thulin, Oskar: Prof. D. Dr.: 42, 44
Waldis, Burkhard: 13
Wendt, Martin: 39
Wilhelm von Hessen: 30
Witzel, Georg: 32
Ziegler, Joh. Conr. Max.: 50

Ortsregister

Augsburg: 22, 51
Babenhausen: 32 ff
Basel: 30
Brandenburg: 8 f, 30
Brandenburg a.d.Havel: 30, 35 ff
Bruchenbrücken: 8, 11
Butzbach: 26, 30
Büdingen: 31
Chemnitz: 9
Dauernheim: 14, 19
Dessau: 42
Dresden: 40
Eisenach: 28
Eisleben: 35 f
Erfurt: 51
Florstadt: 33
Frankfurt a. M.: 10, 19 f, 27 f, 30 f, 51
Friedberg, Hessen: 12, 31
Gießen: 26
Göttingen: 19, 35, 41, 45, 51 ff, 55 ff
Götzenhain: 29
Grünberg: 26
Hagenau: 11
Hamburg: 31, 35, 38, 50, 57 f
Hanau: 50
Hessen: 8 ff
Hochweisel: 26
Homberg, an der Efze: 22
Kirchheim: 29
Langen: 33
Laubach: 26
Leipzig: 37
Leidhecken: 33
Lübeck: 38
Magdeburg: 37 f, 55
Mainz: 22 f
Marburg: 30
Mecklenburg: 8
Neubrandenburg: 8, 38 f, 44
Nidda: 14, 19 ff, 26

Nordhausen: 42
Ober-Mockstadt: 14, 19
Oberursel: 13, 25 f, 28, 52
Rom: 23
Rostock: 38
Rothenburg ob der Tauber: 36
Schafheim: 32
Schotten: 19, 21
Sprendlingen: 29 f
Staden: 13 f, 19 f, 31 ff
Straßburg: 51
Usingen: 28 f
Vogelsberg: 21
Weilburg: 13, 22
Wetterau: 9, 13, 25 f, 28, 38, 50
Wien: 11
Windecken: 13
Wittenberg: 9, 24 f, 30 ff, 34 ff, 38, 41 f, 53 f
Zürich: 11
Zwickau: 51

Sachgebiete

Ablaßhandel: 23 f
Arianismus: 56
Bede: 12
Confessio Augustana (Augsburger Bekenntnis): 22
Cranach-Ausstellung Berlin: 42, 44
Cranach-Werkstatt: 41
Donat: 20
Epitaph in der Blasiikirche in Nordhausen: 42, 58
Fabeln des Erasmus Alberus (Hagenauer und Frankfurter Ausgabe): 11, 13 f, 19, 21, 27, 29, 41
Fischereirecht Staden: 14
Frankfurter Messe: 20
Ganherrschaft bzw. Ganerbschaft von Staden: 28, 31 ff
Grammatik, lateinische: 20
Hertschilling: 12
Interim: 38, 40 f, 56
Jahrbegängnisse: 33
Johannes-Haus zu Nidda: 28
Kirchendienerordnung und Kirchenordnung, hessische: 33
Kirchenregiment Staden: 33
Lateinschule: 20, 22, 25, 51
Lutheraner: 37, 40, 52, 54, 56, 59
Lutherhaus Wittenberg: 24, 31, 34 f, 58
Partecken (milde Gaben): 21
Pest (englischer Schweiß): 31, 37
Pfarrer, evangel.: 13, 29, 31, 34, 38
Priester, kath.: 13, 28, 33 f, 52
Reformation (Entstehung des Protestantismus): 10, 13, 22, 25, 29, 31 ff, 40, 52, 59
Reformatoren: 42, 44
Reichsacht Magdeburgs: 37, 55
Schmalkaldischer Krieg: 36
Schutzzeichen (Signum): 35, 38
Synode, hessische (1526 in Homberg): 22
Theologieschule: 37
Visitation des Barfüßerklosters: 53
Wacht- und Erbgeld: 12
95 Thesen: 23